财务会计管理与税收分析研究

张利霞　刘　刚　肖　亮　主编

哈尔滨出版社
H.P.H
HARBIN PUBLISHING HOUSE

图书在版编目（CIP）数据

财务会计管理与税收分析研究 / 张利霞，刘刚，肖
亮主编 . — 哈尔滨：哈尔滨出版社，2023.1
　　ISBN 978-7-5484-6835-6

　　Ⅰ．①财… Ⅱ．①张… ②刘… ③肖… Ⅲ．①财务会
计—会计管理—研究—中国②税收管理—研究—中国
Ⅳ．① F234.4 ② F812.423

　　中国版本图书馆 CIP 数据核字 (2022) 第 197523 号

书　　名：财务会计管理与税收分析研究
CAIWU KUIJI GUANLI YU SHUISHOU FENXI YANJIU

作　　者：张利霞　刘　刚　肖　亮　主编
责任编辑：张艳鑫
封面设计：张　华
出版发行：哈尔滨出版社 (Harbin Publishing House)
社　　址：哈尔滨市香坊区泰山路 82-9 号　邮编：150090
经　　销：全国新华书店
印　　刷：河北创联印刷有限公司
网　　址：www.hrbcbs.com
E - mail：hrbcbs@yeah.net
编辑版权热线：（0451）87900271　87900272
开　　本：787mm×1092mm　1/16　印张：10.5　字数：218 千字
版　　次：2023 年 1 月第 1 版
印　　次：2023 年 1 月第 1 次印刷
书　　号：ISBN 978-7-5484-6835-6
定　　价：68.00 元
凡购本社图书发现印装错误，请与本社印制部联系调换。
服务热线：（0451）87900279

编委会

前　言

　　现下我国正处于一个经济快速发展的阶段，大部分企业对业务的要求也发生了新的变化，为了能使自身更好地满足大多数企业的新需求，会计这个行业也对自身进行了许多的调整。会计是分很多种类的，其中所蕴含的科目也随着企业需求的变化而变得更加具体，财务与税务这两个方面的会计关系也相比于之前要更加紧密，但是根据我国市场当前的整体情况来看，要想真正地满足大多数企业在自身发展上的需要，就一定要做出一个较为现实的选择。基于此，本书首先简要分析了当下财务与税务会计的现实定位，其次叙述了当下财务与税务会计的实际关系，最后提出了能够更好地完善财务与税务会计之间选择的策略。

　　现如今在经济快速发展的这个大背景下，各个企业之间的竞争相比于之前也变得更加激烈，市场上的发展环境也变得不稳定起来，这也直接使大部分企业在经营与发展的过程中面临着更大的困难和挑战。在此背景的促使之下，会计这个行业的制度发生了很大的改变。财务与税务会计是一个企业在经营发展中最重要的因素之一，这两者之间也存在着许多相同与不同之处，现下这两个会计之间的关系也相比于之前要变得更加紧密。要想使经济发展的速度变得更快，更稳定的话，那么就需要全面深入地对这两种会计之间的关系进行分析，并及时做出正确的现实选择，以此最大程度地促使会计这个行业的发展。

目　录

第一章 财务会计的基本理论

第一节 经济环境与财务会计演变

资本是趋利的，在信息不对称的资本市场上，投资者之所以愿意将其所拥有的财务资本让渡给管理当局管理，企业之所以能够筹集到经营发展所需的资金，财务会计以及报告的地位和作用不可忽视。在经历了与资本市场之间的相互制约和互动发展后，从传统会计分离出来的财务会计在确认、计量、记录、报告方面进行了一次次的革新，形成了相对独立的财务会计理论体系。这一理论体系随着经济的发展与资本市场的变迁还在不断地丰富和发展。

一、信息不对称与财务会计

在所有权和经营权分离的情况下，公司的管理当局与外部的投资者之间所拥有的公司信息并不对称，信息不对称会产生逆向选择和道德风险的后果。其中前者因为公司的内部人（诸如管理层等）比外部股东或债权人拥有更多关于公司当前状况和未来前景的信息，内部人可能会以牺牲外部人的利益为代价来牟取私利；后者则表现为外部的股东或债权人不能观察到管理层的努力程度和工作效率，管理层因此而偷懒，或者将经营失败的原因推卸到外部不可控因素。

如果"知情"的管理当局作为内部人，能够遵循"自我道德约束"来编制财务报表以提供给外部信息使用者作为决策依据，那么资本市场的信息不对称问题将由于"自愿披露"行为以及投资者的信任而缓解。然而问题在于，道德规范并不总是有效的，通过会计数字操纵进行造假或欺诈的案例屡屡出现。究其原因在于会计信息是一种复杂的重要的"商品"，不同的人对其会有不同反应，因此会影响到个人决策，从而影响到市场的运作。作为会计信息的主要载体，公开披露的财务报表由公司的管理层来编报，而依靠会计信息进行相关投资决策的外部投资者则处于信息劣势。为了保证会计信息的真实与公允，必须有一个制度安排，这就是由"公认会计原则"（GAAP）或会计准则直接规范财务报表的内容及形式，再由独立审计加以验证。这一制度背后的原理是，如果 GAAP 是高质量的，又有独立审计验证由其产生的会计信息质量，财务报表提供的信息质量应该得到合理的保障。

二、资本市场环境下财务会计理论的发展

资本市场是一国市场体系的核心，它在促进社会资源有效配置以及资产有效分布的同时，也是信息的集聚地。投资者、债权人以及上市公司等利益集团或个人都需要了解上市公司的财务状况、经营成果以及现金流量状况的信息，并根据这些信息进行投资或决策。在资本市场比较发达的情况下，决策有用观对于会计职业界以及会计准则制定机构都具有深远的影响。资本市场最发达的美国提出，财务报告的首要目标就是"提供对投资和信贷决策有用的信息"。公允价值就是与其密切相关的一个重要且颇有争议的概念。

（一）公允价值

尽管本质上适应工业经济的历史成本会计仍然占据主要地位，人们发现它已经越来越不适应经济的发展，一些对企业价值产生重要影响的事项和情况，如金融衍生工具、自创商誉、生物资产、人力资源已经无法为传统会计体系所反映。投资者和信贷者在让渡以现金为主的资源使用权后，都希望在未来获得公平的现金回报，而根据过去的历史成本无法预测未来以及为正确决策带来直接的帮助，因此人们在竭力寻找一个能够弥补这一缺陷的新的会计模式。

从 1990 年开始，美国证券交易委员会（简称 SEC）前任主席道格拉斯（Douglas Breeden）就公开倡议所有金融机构都按市场价格报告所有的金融投资，认为公允价值是金融工具最相关的计量属性。西方国家的准则制定机构都纷纷响应，努力扩展公允价值计量属性在财务报告中的应用，以摆脱现行历史成本会计模式正在失去相关性的批评。

所谓公允价值是指一项资产或负债在自愿双方之间，在现行交易中，并非强迫或清算所达成的购买、销售或结算的金额。可见公允价值是对未来交易的预估，是预估未实际发生但将进行现行交易的价格，不同于历史成本是以过去的交易或事项为基础的交换价格。公允价值与历史成本的主要区别在于，首先，公允价值不是建立在已发生的交易的基础上，而是建立在意图交换的双方虚拟交易（非现时交易）的基础上；其次，公允价值不是现时交易达成的交换价格，而是在未实现交易基础上的市场价格。

必须强调的是，公允价值是在没有真实交易的条件下，对意图进行的现行交易的价格进行的估价。也就是说，公允价值是双方已愿意进行现实交易，但是尚未存在实际交易的情况下，对交易中资产或负债的估计价格。

作为一种计量属性，公允价值计量的目标是在缺少实际交易的情况下为资产和负债估计现实交易价格。这种估计是参照假定的交易来确定的。通常可以采用的估价技术有市场法（market approach）、收益法（income approach）以及成本法（cost approach）。无论采用哪种估价技术都必须注意三个原则：第一，所采用的估价技术应该保持一贯性；第二，估价是为了寻求可靠的公允价值，因此，只有能产生更可靠的公允价值时，才应变更估价技术；第三，估计公允价值必须以市场信息为假定和数据源头。

与公允价值密切相关的概念之一是现值。美国财务会计准则委员会（简称 FASB）曾经在其第 5 号概念框架里将"未来现金流量的现值"作为会计的一项计量属性。随后 FASB 经过数十年的研究，在第 7 号概念框架中，上述观点被明确否定，并提出"未来现金流量的现值"技术是估计公允价值的手段。现值不一定代表公允价值，因为用一个随意设定的利率对一组现金流量进行折现都可以得到一个现值，但是这样做并不能为使用者提供有用的信息。因此，在运用现值技术估计公允价值时，关键是要符合或大致接近交易双方自愿达成的金额。

（二）业绩报告的改进——综合收益表

在历史成本计量模式下，在初始计量后，只需要考虑摊销或分配，并不需要在后续期间考虑持有资产价格的变化，即不会形成未实现的利得和损失。但是如果采取公允价值在内的现行价值计量，就必然会产生未实现的利得和损失。在现行会计实务中，对资产持有期间的价值变化的处理并不统一，有的计入当期损益，有的计入所有者权益，还有的允许同一项目在上述两种方法中选择，这种处理方式直接影响了收益表的信息含量。传统收益表的不完整使使用者无法了解报告主体在一个会计期间全部的财务业绩，所以也就无法对未来的结果和现金流动做出评估。由此可见，以综合收益表完整地对会计主体的业绩进行报告成为今后会计的发展方向，日益得到理论与实务界的重视。

综合收益概念的内涵在于，确认收益要遵循"资产负债观"而不是"收入费用观"。不过目前的综合收益表包含的内容除了传统损益表的内容外，只包括限定项目所形成的其他收益，也就是说仍然奠定在"收入费用观"的基础上，但是逐渐在向"总括收益观"靠拢。

所谓"资产负债观"是指利润是剔除所有者与企业的经济往来外后，企业在某一期间内净资产变动额。可见"资产负债观"强调的是企业资本的保全，认为资本保全后才能计算利润。而"收入费用观"则认为利润是收入和费用配比的结果，如果收入大于费用则为盈利，反之则为亏损。对于"收入费用观"有两个基本观点，一是"当期经营观"，另一个就是"总括收益观"。前者认为企业的经营业绩应体现来自经营活动的结果，而不应该包括非经常性损益。而后者则认为企业在存续期间内，各个会计年度报告的利润之和必然等于该企业的利润之和，如果非正常损益不包括在当期利润中，就可能导致后期利润被高估。因此总括收益应根据企业在某一特定期间所有交易或事项所确认的有关企业业主权益的全部变动（不包括企业和业主之间的交易）加以确认。

纵观财务业绩报告的改革趋势，在保留传统利润表的基本结构下，将综合收益表纳入业绩报告体系的思路已经为大多数国家的准则制定者所考虑或接受。FASB 提出了两种建议格式：第一种是在传统利润表的基础上，单独设计一张综合收益表，与传统利润表一起反映全面的财务业绩，综合收益表以传统利润表的最后一行作为该表的第一行，以"综合收益总额"作为最后一行。第二种是单一报表格式，即将传统利润表与综合收益表合二为一，称为收益与综合收益表，在该报表中，传统利润表的最后一行——"净收益"作为综合收益总额的小计部分。尽管这一格式将综合收益纳入同一张表内，便于使用者分析，而且无须增加新表，但是由于将净收益作为收益总额的小计部分，可能会降低利润表的重要性，因此受到许多人的反对。

（三）会计准则制定方式的转变："规则基础"转向"原则基础"

举世瞩目的美国《2002 萨班斯－奥克斯利法案》（Sarbanes-Oxley Act of 2002）可以说在某种程度上是由安然、世通等财务欺诈案件所引发出台的。该法案不仅要求组建上市公司会计监察委员会（PCAOB），加强对独立审计师的监管，更值得一提的是在会计方面采取的重大措施之一，即提出了新的会计准则的制定方式：改变了原来以规则为基础的制定方式、转向了以目标为导向、以原则为基础的制定方式。

有观点认为，美国的会计准则是以规则为基础的，而安然事件中的一个关键词，即"特殊目的主体"，就是基于美国会计准则的规则基础背景下产生的。但也并不是说按照原则基础的会计准则制定方式，引入"实质重于形式"的原则就可以避免，但至少能约束安然的欺诈行为。如果引入"经济人"假设和会计准则具有经济后果的假设，对此问题的回答就不是用"能"或者"不能"可以解决的，问题将会复杂化。

在"经济人"假设下，人是自利的，是期望在现有的规则范围内能够最大限度地实现自我利益的，而如果会计准则又具有经济后果，他们就会利用所有能够采取的手段，在现有的"政策"内寻找一切可能的空间，按照准则来设计其业务，进而创造性地产生了"没有违反准则"的会计行为，而这并不是会计准则意图达到的目的。可以说，以规则为基础的会计准则会引导会计信息的提供者更多地去寻求对法律形式的遵守，而不是反应交易和事项的经济实质。但是仅以原则为基础，会计准则的编制者以及审计师在具体操作时，将十分困难，因为即便是职业判断，也需要必要的指南。换句话说，现有的以"规则为基础"的会计准则会成为部分人规避会计准则真实意图的借口及手段，然而单纯地强调抽象的原则，也会导致会计准则应用和操作方面的不可行。因此，以目标为导向、以原则为基础来制定会计准则成为一种理性的选择。

这一准则制定方式的特征表现为：按已经改进并一贯应用的概念为基础；已明确提出的会计目标引导会计信息提供者及审计师更为关注事项或交易的经济实质；提供的是充分且并不模糊的有关目标的细节以及结构；尽可能减少准则中的"例外"；尽量避免使用"界限（线）"进行界定或测试。

三、我国财务会计的发展与改革现状

（一）我国财务会计的发展历程

从 1992 年起，我国开始实行社会主义市场经济体制，企业真正成为市场中的经营主体，所有权性质呈现多元化，经济活动复杂化。同年 10 月成立的中国证券监督管理委员会标志着我国证券市场的正式建立，随之而来的便是公司上市、并购和重组、企业跨国融资等市场经济经营活动。与此同时，我国逐步建立起与市场经济体制相适应的会计模式，并且开始了以会计国际化为方向的会计改革路程。

面对日益复杂化的经济业务形态，财政部和国家体改委于 1992 年联合颁布了《股份制试点企业会计制度》以及《企业会计准则（基本准则）》，二者都对国际会计准则体系进行了借鉴。基本会计准则颁布实施后，我国于 1997 年又颁布执行了第一个具体会计准则——《关联方关系及其交易的披露》。在具体准则陆续制定与实施期间，我国于 1998 年开始实施《股份有限公司会计制度》，后又于 2001 年颁布并且实施了《企业会计制度》。

由于国际上通行的会计规范形式是会计准则，我国在保持会计制度的同时，不断完善我国的会计准则体系，在 2006 年 2 月 15 日颁布了新的会计准则体系，包括 1 项基本会计准则和 38 项具体会计准则，随后又于 2006 年 10 月 30 日颁布了 32 项具体准则的应用指南。从整体上看，该准则体系充分实现了与国际惯例的协调，起点高，内容全面，充分体现了我国会计改革的国际化。该准则有关会计确认、计量和报告的标准更加准确，尤其在会计计量、企业合并、衍生金融工具等方面实现了质的突破。

（二）我国现行会计准则体系的主要变革

1. 会计准则体系日趋完善

我国的会计改革国际化的突出成果是形成了日趋完善的会计准则体系，目前这一体系由 1 项基本会计准则、38 项具体会计准则、32 项应用指南以及 1 个附录所构成，废止了应用多年的会计制度。基本会计准则属于准则的一部分，具有法律效力，其目的在于规范具体准则的制定，这一点不同于财务会计概念框架。财务会计概念框架的目的在于提供一种理论支撑，不属于准则的组成部分。

2. 明确的理念指导会计准则的建立

现行准则体系的一个重要特色是以"资产负债表观"为总的指导理念，淡化了一直在我国理论与实务界占据重要位置的"利润表观"，强调了考核企业的着眼点是其可持续发展，要从净资产角度来判断交易的发生、企业的增值等，而不是当期的收益。

3. 会计确认、计量和报告具有强制性

现行会计准则体系的核心是确认、计量和报告，因此具有强制性，而有关会计记录的规定没有出现在具体会计准则或基本会计准则中，仅仅以附录的形式规定了会计科目和账务的处理，在会计科目的设置方面也打破了原先的行业界限。体现了企业的会计记录只要以准则为导向，不违背确认、计量和报告的有关规定，就可以结合实际情况做灵活处理。

4. 突出强调了财务报告的地位与作用

国际会计准则改称为国际财务报告准则，从某种程度上也显示了财务报告地位的日趋重要，在我国现行的准则体系中也体现了这一点。现行的财务报告体系主要由报表和附注构成，对附注的有关规定体现了其规范化、结构化和国际化的特征。由此，投资者等信息使用者在利用会计信息进行相关决策时，不仅要依据报表，还要借助于附注。财务报告在

我国会计准则中的地位得到了加强。

5.广泛而谨慎地引入公允价值计量属性

尽管历史成本具有较大的可靠性，但是对于投资决策其相关性较弱，而公允价值对于经济业务（尤其是一些衍生金融工具业务）的决策则具有较大的相关性。当然由于公允价值经常依据估计与判断，存在较大的风险和不确定性，因此我国根据实际情况在现行会计准则体系中广泛而谨慎地引入了公允价值计量属性，也就是历史成本尽管是主要的计量属性，但如果存在活跃市场，公允价值有确凿证据的情况下，就可以采用公允价值。

第二节　财务会计概念框架

财务会计概念框架是规范会计理论中的最实用的部分，其研究起源于 20 世纪 30 年代的美国，早期主要涉及以财务会计基本概念、原则为主要内容的理论体系，直至 1976 年，FASB 在一份题为《概念框架项目的范围和含义》的征求意见稿（ED）里正式使用了"财务会计概念框架"的说法。目前一些国家和主要国际组织，如国际会计准则理事会（简称 IASB）以及英国、加拿大、澳大利亚等国均效仿美国出台了各自的概念框架文件，取得了积极的成果，相关的研究已经成为财务会计理论的核心内容。虽然各国对"财务会计概念框架"的公告的名称并不一致，但其实质都基本相同，都是对财务会计和会计准则制定过程中涉及的一些基本概念进行研究，以更好地指导会计准则的制定或会计实务，为其提供一个比较一致的概念基础，并作为评估既有会计准则质量的一个重要标准，指导发展新会计准则。

关于财务会计框架的逻辑起点的研究曾经有两种选择。在 20 世纪 50 年代，美国会计界试图建立"假设——原则——准则"的准则逻辑体系，但是以失败告终。而后在 20 世纪 60 年代，美国主流的会计理论研究提出"会计是一个信息系统"，并以此为基础提出将会计目标作为财务会计概念框架的逻辑起点，以目标、信息质量、要素的确认和计量为核心，这条路一直发展至今。

一、财务会计目标

当"会计本质上是一个信息系统"的观点为人们所接受后，会计目标就成为财务会计概念框架的逻辑起点。由于在不同的社会经济环境里，信息使用者有差别，而财务会计的目标又密切依存于使用者的信息需要，因此并不存在一个完全一致的目标。综合各国的财务会计目标，主要涉及这样几个问题：谁是会计信息的使用者；会计信息使用者需要什么样的信息；哪些信息可以由财务会计来提供；为了提供这些会计信息需要什么样的框架。

（一）受托责任观和决策有用观

在回答上述问题的过程中曾经出现过两个代表性的观点：受托责任观和决策有用观，了解这两种观点从对立到相互融合的过程，可以进一步了解会计目标的发展和演变。

1. 受托责任观

从历史来看，受托责任观的出现早于决策有用观。其最早产生于两权分离，委托代理关系明确稳定的经济背景下。受托责任观认为在所有权与经营权分离的背景下，为企业资源的提供者创造尽可能多的财富是企业管理者的受托责任，会计目标应主要定位在提供经管责任完成情况的信息上，对会计信息质量的首要要求是可靠性。从而可靠性又会对概念框架中的会计确认、计量以及会计要素的界定等方面产生相应的要求。比如对于会计确认，可靠性要求采用交易观，即只确认已经发生交易的经济业务，而对于具有一定不确定性的尚未交易的业务不予确认。至于会计计量，可靠性要求以历史成本为主，而现行价值或未来价值因其具有不确定性而被限制性使用。

2. 决策有用观

随着资本市场的产生和发展，所有者和经营者之间的关系变得模糊且不确定，这一情况下对会计的要求更多的是要反映企业未来的发展趋势，仅仅提供经营者经营业绩的信息以反映其受托责任已经不能满足对会计信息的要求。由此，决策有用观的会计目标登上了历史舞台。

决策是面向未来的，决策有用观认为会计目标应定位在向会计信息使用者（包括现有和潜在投资者、信贷者、企业管理者和政府）提供有关未来现金流量的金额、分布和不确定性的信息，以帮助他们在预测未来时能产生有差别的决策。如果会计信息能够帮助投资者评价资产未来现金流的流量和风险，那么会计信息将有助于提升资源配置的效率。目前这一观点已经成为研究财务会计目标的主流观点。决策有用观对会计信息质量的要求除了可靠性外，更强调相关性。不同于受托责任观下的会计确认和计量手段，该模式要求会计确认采用事项观，即会计要对包括尚未发生交易的资产价值变动在内的全部经济业务加以确认，而会计计量则强调采用相关资产的公允价值。

受托责任观和决策有用观并不是相互对立的两种观点，后者是前者的继承与发展。从而可以看出满足决策有用会计目标的信息需求也能满足受托责任会计目标，早期受托责任观对企业利润的关注已经被决策有用观对企业未来现金流量能力的关注替代。

（二）我国会计目标的定位

决定会计目标定位的因素主要是经济环境因素，由于我国实行的是国家宏观调控的国民经济管理体制，证券市场还不发达，大众投资者比例较低，这样的环境决定了完全采用决策有用观也许尚不可行，而是应当兼顾受托责任观和决策有用观。

我国目前的财务会计目标是，"向财务会计报告使用者提供与企业财务状况、经营成果和现金流量等有关的会计信息，反映企业管理层受托责任履行情况，有助于财务会计报告使用者（包括投资者、债权人、政府及其有关部门和社会公众等）做出经济决策"。

具体来说，可以分为以下几方面：

1.宏观经济调控

国家的财务信息需求。我国目前实行的是市场调节和国家宏观管理相结合的经济管理体制，由于市场经济机制尚未成熟，国家的宏观经济管理在整个国民经济管理中仍发挥主导作用。因此不论是上市还是非上市企业都需要按照国家规定向有关政府监管部门提供其所需要的会计信息，以保证国有资产的保值增值，保证国家相关税费的稳定增长，维护社会主义市场经济秩序。

2.完成受托责任

公司管理层的财务信息需求。在两权分离的现代经营模式下，财务会计信息成为联系委托人与受托人之间代理关系的纽带，大量有关委托代理的企业契约是依托财务会计信息签订的。比如盈利信息往往成为衡量代理人努力程度的替代指标，委托人据其制订和执行奖惩计划；而从代理人的角度考虑，财务信息则成为其传递受托责任完成的信号。

3.促进资本市场资源配置

投资者和信贷者的财务信息需求。资源是稀缺的，如何有效配置稀缺的资源是资本市场的一个中心问题。财务会计通过提供可信、可靠、不偏不倚、能够如实反映交易的经济影响的财务信息，有利于资本市场参与者识别对资源相对有效和无效的使用者，有利于评估不同投资机会和报酬，有助于促进资本和其他市场的有效运行。

二、财务会计基本假设

（一）会计主体假设

会计主体又称经济主体。每个企业都是一个与其业主或其他企业相互独立的会计主体，会计计量和报告只是特定主体经营和财务活动的结果，而不是企业业主的活动。会计主体假设从空间上限定了会计工作的具体范围。会计主体的概念适用范围较广，如合伙、独资、公司（包括股份与非股份公司）、小型和大型企业，甚至还适用于企业内部的各个环节（如各个部门）或几个企业（如编制合并报表的母子公司）。这里必须明确会计主体、法律主体和报告主体的区别。会计主体并不以法律主体成立与否为依据，凡是会计为之服务的特定单位都可以视为会计主体。法律主体则不同，比如有些国家只承认股份公司可以以法律主体的身份行使民事权利、承担民事责任，而否认独资、合伙企业的法律主体地位。会计主体和报告主体也有所区别。原则上会计主体既指平时进行会计处理的会计主体，也指期末编制财务报告的报告主体，但是存在一些例外。如合并会计报表的报告主体是公司集团，而公司集团并不是会计主体；再如公司的若干分部（地区分部或业务分部）若需要单独核算和报告时也可以作为一个独立的报告主体甚至可以集会计主体为一身，当然所反映的内容将远小于企业的内容。

（二）持续经营假设

持续经营假设又称连续性假设，即除非管理层打算清算该企业或打算终止经营或别无选择只能这样做时，会计主体的目标不会改变，并且会按照现状持续不断地经营下去。在此假设下，财务会计的基本流程如确认、计量、记录和报告保持了一贯性，使财务会计得以在高度不确定性的环境中完成其流程循环。但是，当管理层意识到存在有关事项或条件的高度不确定性因素可能会导致人们对企业仍能持续经营产生重大怀疑时，则应披露这些不确定性因素。此外如果有足够的相反证据证明企业无法持续经营，则破产清算假设将替代持续经营假设，这时财务会计在数据的处理、会计信息的加工以及提供财务报表的程序与模式等方面将会发生重大变化。比如以非清算为基础的折旧会计将不再适用。

（三）会计期间假设

在会计主体持续经营假设的基础上，出于及时的提供财务信息的考虑，凡是能反映企业财务状况和经营成果的财务报告，应当定期予以提供。按照传统的商业习惯和所得税法的规定，所谓定期往往指一年一次。实务中企业的会计年度既有按照公历年度，也有按照自己的"自然"经营年度。近年来，上市公司还被要求提供中期报告，即以半年度、季度或月份作为分期基础，从而形成中期财务报告。

持续经营与会计分期假设是相辅相成、互相补充的。从一定意义上讲，前者更为重要，因为有了持续的经营活动，才有必要和有可能进行会计分期。当然，在新经济时代，互联网的运用将使新兴企业的财务报告采取实时传递的方式成为可能，如何使现有的财务会计的构造和作用适应这一发展态势还需加以深入研究。

（四）货币计量假设

货币计量假设又称货币单位假设，认为会计是一个运用货币对企业活动进行计量并将计量结果加以传递的过程。会计信息以数量为主，这一假设给数量信息配备了统一的单位，进而使会计信息具有同一性和可比性。但是由于作为计量单位的货币本身也存在"量度"上的局限性，即货币的购买力存在变化的可能，因而，货币计量假设的背后还隐含着币值不变的假设，这样才能使各个会计期间的财务会计信息具有一定的可比性。

三、财务会计信息质量特征

财务会计信息质量特征是连接会计目标和财务报告的桥梁，在整个概念框架中居于枢纽地位，这在各国的财务会计概念框架或类似的文件中都有所提及。FASB 认为，对会计信息质量特征的界定具有以下作用：为制定与财务报告目标相一致的会计准则提供指南；为会计信息提供者在选择表述经济事项的不同方法时提供指南；增加会计信息使用者对会计信息有用性和局限性的把握，方便做出更好的决策。

（一）用户需求观和投资者保护观

目前关于如何评价财务会计信息质量的观点有两大类，即用户需求观和投资者保护观。用户需求观认为财务报告的质量是由财务信息对使用者的有用性决定的。美国财务会计准则委员会（FASB）的概念框架就是这一观点的主要代表。FASB以决策有用性为目标，提出了一系列以相关性和可靠性为核心的财务会计信息质量特征体系。与用户需求观不同，投资者保护观则认为财务报告质量主要取决于财务报告是否向投资者进行了充分而公允的披露，因此诚信、透明、公允、可比和充分披露等特征成为该观点支持的会计信息质量特征。投资者保护观的支持者主要是美国证券交易委员会、审计准则委员会等组织或机构。

（二）会计信息质量的特征要素

从表面上看各国及国际会计准则理事会（IASB）对财务会计信息质量特征的界定似乎大同小异，但是如果仔细比较和分析，就会发现不同的信息质量特征体系在名称、基本背景、层次结构以及具体的属性定义方面都存在差异。比如，相关性在大部分国家的概念框架中是主要的信息质量特征之一，但是其内涵并不完全相同。美国、加拿大强调预测价值、反馈价值/验证价值和及时性。而英国则主要强调预测价值和验证价值，至于IASB和澳大利亚则除了强调预测价值和验证价值外，还强调对财务信息的性质及其重要性的关注。

由于美国在研究概念框架方面的领先地位，其研究成果已成为各国（包括IASB）在相关方面的研究背景。下面以FASB对会计信息质量各特征要素的界定作为参考，对几种主要的会计信息质量特征的内涵进行说明，最后介绍我国和IASB对财务会计信息质量特征的研究发展现状。

1. 相关性

相关性是指会计系统提供的会计信息应该与使用者的决策相关。基于"决策有用性"的会计目标，对决策最为有用的信息是"能够帮助信息使用者在预测未来时能导致决策差别"的信息，从而相关性成为保证会计信息质量的重要特征。会计信息的相关性还必须具有预测价值、反馈价值和及时性三个基本质量特征。预测价值是指会计信息要能够帮助投资者预测企业以后的财务状况、经营成果和现金流动情况。反馈价值是指投资者获得会计信息后，能够据以修正以前的某些认识。会计信息的及时性是要求必须及时收集会计信息、及时对会计信息进行加工和处理，并且及时传递会计信息。

2. 可靠性

可靠性是指会计信息应如实表述所要反映的对象，尤其需要做到不偏不倚地表述经济活动的过程和结果。可靠性具体可分为三个方面，即可核性、真实性和中立性。可核性是指不同的人，根据相同的信息输入、遵循相同的会计准则，可以从会计信息系统中输出相同或相似的结果。真实性是指会计信息应该反映实际发生的经济活动，常说的会计信息失真就是指会计信息不能够真实反映企业的经济活动。中立性要求会计人员处理会计信息时应保持一种不偏不倚的中立的态度,避免倾向于预定的结果或者某一特定利益集团的需要。

3.可比性

广义的可比性是指财务会计信息在同一会计主体不同时期之间和不同会计主体同一时期之间可以予以比较,从而使用户能够比较某两个时点或某两个时期的交易或事项,以及财务业绩的相似之处及其差异的质量属性。其中同一会计主体不同时期之间的会计信息的可比又称为一致性,按照一致性的要求,会计方法的选择在前后期应保持一致。而不同会计主体之间的可比性又被称为狭义上的可比性,要求不同会计主体之间的会计政策具有相同的基础,会计信息所反映的内容基本一致。

4.可理解性

可理解性是指能够为信息使用者所理解,这是针对会计信息用户的质量特征。具体而言是要求财务信息应当为那些对商业活动和经济活动拥有合理理解能力,并且愿意花精力去研究这些信息的人士所理解。可理解性可划分为两类:与特定的决策者相关,与广大的各类决策者相关。

5.透明度

由于20世纪90年代美国上市公司存在严重的盈余管理现象,美国证券交易委员会(SEC)非常关注这一现象,希望从多个角度提高上市公司信息质量。1996年4月11日,SEC在其声明中提出三项评价"核心准则"的要素,其中第二项是"高质量",对"高质量"的具体解释是可比性、透明度和充分披露。其后在1997年,SEC前主席莱维特(Levitt)在关于"高质量会计准则的重要性"的演讲中明确提出将透明度纳入准则高质量的特征体系中。

由于透明度适用的领域很广,迄今为止,对透明度的定义并没有统一。从会计的角度来看,可以将其理解为是对会计信息质量标准和一般意义上的会计信息披露要求的发展。可以这样认为:会计透明度是一个关于会计信息质量的全面要求,包括会计准则的制定和执行、会计信息质量标准、信息披露与监管等。可见会计信息质量的透明度要求仅仅是其中的一个部分。

(三)我国财务会计信息质量特征体系

在2006年2月15日前,我国并没有专门提出一个会计信息质量特征体系,但是在相关会计法律法规中都以一般原则的形式提及会计信息质量特征。例如在1985年出台(又于1993年和1999年修订)的我国第一部《会计法》中提到了"保证会计资料合法、真实、准确、完整"的法律要求;在1992年颁布的《企业会计准则》里提到会计核算要遵循的有关原则,其中涉及真实性、相关性、可比性、一致性、及时性、可理解性、谨慎性、全面性、重要性九个会计信息质量特征;在2001年颁布并执行的《企业会计制度》中也涉及会计核算需要遵循的有关原则,包括真实性、实质重于形式、相关性、一致性、及时性、明晰性、可理解性、谨慎性、重要性九个会计信息质量特征。

目前世界各国都高度重视会计信息质量特征体系的建立，我国也顺应这一大趋势，在《企业会计准则——基本准则》（修订）中第一次明确出现了"会计信息质量要求"的形式，包含了对会计信息质量在真实性（含可靠性）、相关性、明晰性、可比性（含一致性）、实质重于形式、重要性、谨慎性和及时性方面的要求。但是由于我国并没有财务会计概念框架，所以这些质量特征还没有一个完整的理论支持，今后还需要对质量特征体系所涉及的约束条件、总体质量特征、限制性标准、关键质量特征、次级（及次要）质量特征等内容做深入的研究。

（四）IASB 财务会计概念框架中的会计信息质量特征

与美国不同，IASB 关于会计信息质量特征的内容是以"财务报表的质量特征"的形式进行阐述。其中可理解性、相关性、可靠性和可比性为处于同一层次的主要质量特征，相关性的构成要素分别为预测价值、验证价值、财务信息的性质及重要性。可靠性由忠实反映、实质重于形式、中立性、审慎性和完整性构成。因为 IASB 的概念框架不同于一国研究出台的概念框架，它主要是为了解决"众口难调"的突出问题，所以可比性是 IASB 极为关注的一个质量特征，不仅指交易或事项的计量及列报的方法要一致，还要求将编报财务报表所采用的会计政策的变动及变动的影响告诉使用者。此外，IASB 的"财务报表的质量特征"还对相关性和可靠性的制约因素进行了分解，具体包括：及时性、效益和成本之间的平衡以及重要性。

四、财务会计要素

财务会计作为一个信息生产系统，必然存在相应的会计对象，但是由于会计对象是一个抽象的概念，因此从会计对象到具体的会计信息必须经过一个从抽象到具体的处理步骤。这一具体化的步骤首先要对财务会计对象进行初次分类以形成会计要素，会计要素即会计核算对象的具体化形式，通俗意义上的要素就是财务报表的基本组成部分。对会计要素的划分与定义各国不尽相同，美国的财务会计准则委员会定义了十个会计要素，分别是资产（assets）、负债（liabilities）、权益（equity）、业主投资（investments by owners）、派给业主款（distributions to owners）、收入（revenues）、费用（expenses）、利得（gains）、损失（losses）和全面收益（comprehensives incomes）。国际会计准则理事会定义了五个基本会计要素，即资产、负债、权益、收益和费用，其中收益包括收入和利得，费用包括损失。我国则借鉴了国际惯例，在财政部 2006 年修订后颁布的《企业会计准则——基本准则》中明确定了六个会计要素，分别是资产、负债、所有者权益、收入、费用和利润。我国较国际惯例的规定多了一个利润的要素，尽管利润是收益和费用的综合结果，但并不是一个独立的要素，但由于它在我国长期以来一直作为考核的重要指标，在企业管理中具有重要作用，因此我国仍将其设计成一个单独的会计要素。

（一）资产

资产是指企业过去的交易或者事项形成的、由企业拥有或者控制的、预期会给企业带来经济利益的资源。其中，企业过去的交易或者事项包括购买、生产、建造行为或其他交易或者事项，预期在未来发生的交易或事项不形成资产。由企业拥有或者控制是指企业享有某项资源的所有权，虽然不享有某项资源的所有权，但是该资源能被企业控制。至于预期会给企业带来经济利益是指直接或间接导致现金及现金等价物流入企业的潜力。资产在符合上述定义的同时还须同时符合以下两个条件：一是与该资源有关的经济利益很可能流入企业；二是该资源的成本或者价值能够可靠地计量。

（二）负债

负债是指企业过去的交易或事项形成预期会导致经济利益流出企业的现时义务，上述定义中的现时义务是指企业在现行条件下已承担的义务，不包括未来发生的交易或事项形成的义务。同样符合定义的义务还必须满足以下条件才能确认为负债：与该义务有关的经济利益很可能流出企业；未来流出企业的经济利益的金额能够可靠地计量。

（三）所有者权益

所有者权益是指企业资产扣除负债后由所有者享有的剩余权益，公司的所有者权益则被称为股东权益。所有者权益的来源包括所有者投入的资本、直接计入所有者权益的利得和损失、留存收益等。其中直接计入所有者权益的利得和损失是指不应计入当期损益、会导致所有者权益发生增减变动、与所有者投入资本或者向所有者分配利润无关的利得或者损失。

（四）收入

收入是指企业在日常活动中形成的、会导致所有者权益增加的、与所有者投入资本无关的经济利益的总流入。必须强调的是收入也必须满足这样的条件，即经济利益很可能流入进而导致企业资产增加或者负债减少，同时经济利益的流入额能够可靠地计量。

（五）费用

费用是指企业在日常活动中发生的、会导致所有者权益减少的、与向所有者分配利润无关的经济利益的总流出。费用确认需满足的条件是经济利益很可能流出从而导致企业资产减少或者负债增加，同时经济利益的流出额能可靠地计量。

（六）利润

利润是指企业在一定会计期间的经营成果，利润包括收入减去费用后的净额、直接计入当期利润的利得和损失等。其中直接计入当期利润的利得和损失是指应当计入当期损益、会导致所有权发生增减变动的、与所有者投入资本或者向所有者分配利润无关的利得或损失。

五、会计要素的确认和计量

（一）会计要素的确认

确认是指在交易和事项（经济业务）发生时，将一个项目按照会计要素正式予以记录并按要素的项目计入财务报表中，它包含同时用文字和数字表述某一项目。在财务会计理论结构中，会计确认是一个重要的环节，它决定了具体的经济业务何时以何种要素的形式计入财务报表，从而达到为信息使用者提供合乎要求的会计信息的目标。

会计确认可分为初始确认和后续确认。初始确认是指对某一项目或某项经济业务进行会计记录，比如记作资产、负债、收入或费用等；后续确认是在初始确认的基础上，对各项数据进行筛选、浓缩，最终在财务报表中加以列示。在对每个项目进行确认的过程中必须同时满足以下四个标准：可定义性、可计量性、相关性、可靠性。如上所述，我国现行会计准则中也明确规定了如果要对会计要素加以确认，必须在满足定义的同时还符合相应的确认条件，最终才能计入资产负债表或利润表。由于确认的最终目标是要进入财务报表，因此非正式列入财务报表的项目不需要进行严格的确认，通常在附注中加以披露即可。

会计确认的基础有收付实现制、权责发生制。收付实现制的字面表述是"现金基础"（cash basis），即要求在收到现金时确认收入、支出现金时确认费用。权责发生制则是与收付实现制相对应的概念。具体来说，在权责发生制下确认收入时是按照货物的销售（或交付）或者劳务的提供来确认，费用则按与相关联的收入确认的时间予以确认，不考虑现金支付的时间。目前，权责发生制是普遍采用的会计确认的基础。

（二）会计要素的计量

财务会计通常被认为是一个对会计要素进行确认、计量和报告的过程，计量在其中是一个连接确认和报告的核心环节。具体地说，会计计量是指确定将在财务报表中确认和列报的财务报表要素的货币金额的过程。随着社会经济环境的快速发展以及会计技术的提高，传统的历史成本计量模式面临着前所未有的挑战，要使企业的财务报告能够真正公允地反映其财务状况、经营成果，并且能够充分披露与信息使用者决策相关的信息，有必要引入其他计量基础，比如公允价值等。目前无论是 FASB 还是 IASB 或是其他国家会计准则委员会都在致力于解决财务会计中的计量问题。

1.计量理论的主要类别

关于计量理论可以概括地分为两个派别：真实收益学派和决策有用学派。真实收益学派要求计量的结果能够真实地反映企业的收益，而决策有用学派则要求计量的结果应能满足决策的需要。目前看来，后者已经成为一种主流。

2.计量属性

不同的会计信息需求导致不同的计量模式，而计量模式主要由三个要素组成，即计量对象、计量属性和计量尺度。其中计量属性是目前讨论最为激烈的一个话题。计量属性是指被计量客体的特征或者外在表现形式。具体到会计要素就是可以用货币对其进行量化表述的方面。我国结合国际惯例，在现行的基本会计准则中规定了五个计量属性，分别是历史成本、重置成本、可变现净值、现值和公允价值。

（1）历史成本。在历史成本计量下，资产按照购置时支付的现金或现金等价物的金额，或按照购置资产时所支付的对价的公允价值计量；负债按照因承担义务而实际收到的款项或者资产的金额，或承担现时义务的合同金额，或者按照日常活动中为偿还负债预期需要支付的现金或现金等价物的金额计量。

（2）重置成本。在重置成本计量下，资产按照现在购买相同或者相似资产所需支付的现金或现金等价物的金额计量。负债按照现在偿付该项负债所需支付的现金或现金等价物的金额计量。

（3）可变现净值。在该计量属性下，资产按照其正常对外销售所能收到现金或现金等价物的金额扣减该资产完工时估计将要发生的成本、估计的销售费用以及相关税费后的金额计量。

（4）现值。运用现值计量下，资产按照预计从其持续使用和最终处置中所产生的未来净现金流入量的折现额计量；负债按照预计期限内需要偿还的未来净现金流入量的折现额计量。需要提及的是，FASB 第 7 号概念公告中认为现值仅是一个分配方法，对其加以计算是为了探求公允价值，公允价值在 FASB 的概念框架中是取代未来现金流量现值的会计属性。

（5）公允价值。公允价值计量是指资产和负债按照公平交易中，熟悉情况的交易双方自愿进行资产交换或者债务清偿的金额进行计量。

3. 计量属性的应用

在会计实务中，针对不同计量属性的应用情况并不相同。其中历史成本应用于交易或事项发生时的某一项目的"初始确认"。只要该要素在后续期间继续为一个主体所持有而不加以处置，那么，即使资产的市场价格在以后发生了变动，其后可以不必"重新估价"。如果该要素已完全没有使用价值，不再含有未来的经济利益，则对其进行"终止确认"。对历史成本的采用无须后续计量，这样可以节省会计信息加工的成本。

对于其他如现行成本、公允价值等计量属性而言，也都可以应用于交易或事项发生时对某一要素的"初始计量"，在这些要素完全或部分丧失经济利益时，也同样需要进行部分或全部"终止确认"。但与历史计量属性不同的是，应用这些计量属性时，在后续年度都需要进行"后续确认与计量"，即每年都需要重新估计现行成本、公允价值等。作为对外会计，以财务报告的形式有效地向外部使用者提供合乎要求的会计信息是其最终的目的。按照 FASB 概念框架的观点，"财务报告的编制不仅包括财务报表，还包括其他传输信息的手段，其内容直接或间接地与会计系统所提供的信息有关。"

无论是财务报表还是其他财务报告都是用来向资本市场的投资者表述并传递与特定主体的财务状况、经营成果和现金流量相关，并且对决策有用的信息的手段。

其中财务报表分为表内和表外附注两大部分，都要遵循公认会计原则（GAAP），并应经注册会计师审计。在财务报表内进行表述实质是"后续确认"的过程，即遵守相应确认的基本标准，对初始确认形成的日常会计记录进行后续确认，以文字说明与数字相结合的方式形成财务报表的主体，即表内内容。附注也是财务报表的一个组成部分，但是不同于表内，它可以只采用文字说明，并且在不更正表内确认的内容基础上对其进行解释或补充说明。为了区别，在附注中的表述被称为"披露"。在附注中披露的信息通常包括两部分：（1）法定要求披露的信息；（2）企业管理当局自愿披露的信息。其中法定要求披露的信息来源又有两个：一是会计准则，在会计准则中除了对确认和计量进行规范外，还会指出应当披露的事项（主要在会计报表附注中）；另一个来源于证监会颁布的披露准则，不过一般适用于上市公司。

至于其他财务报告进行的信息披露主要是财务报表的局限所引起的。正如 FASB 在第 1 号概念公告中所指出的："某些有用的信息用财务报表传递较好，而某些信息则通过其他财务报告的形式更好。"在其他财务报告中披露的信息可以不受 GAAP 的限制，也可以不经过注册会计师审计，但是要请注册会计师或者相关专家审阅。

回顾财务报告的发展过程，会发现财务报告的主体的变化较小，而报表外的各种补充说明和解释却越来越多，财务报告全文的厚度日益增加。尽管如此，人们发现不断扩容的财务报告仍然不能准确可靠地反映企业的经营风险和业绩，加强信息透明度仍然是资本市场的一大呼声。

我国参照国际惯例，在 2006 年 2 月出台了第 30 号具体会计准则——《财务报表的列报》。要求财务报表至少应包括五个部分：资产负债表、利润表、现金流量表、所有者权益（或股东权益）变动表以及附注，其中附注形式不能替代应有的确认和计量。

第三节　会计规范

信息是决策的依据。在证券市场日益发达的经济环境里，会计信息的提供者并非就是使用者。由于会计信息具有公共物品的属性，如果对供给缺乏必要的约束就可能使受会计信息影响的市场失灵。在此背景下，为了保护处于劣势却不得不主要依靠管理层提供的会计信息进行投资或信贷等决策的外部使用者，就必须依靠一些制度安排，其目的在于减少信息不对称的同时尽可能保证提供真实、公允和透明的会计信息。这就引发了政府或社会民间机构对会计信息生产和消费机制干预的需要。干预的主要形式之一就是会计规范——要求企业按照真实、公正、充分、可比等原则进行加工和提供会计信息。本节首先介绍了我国目前会计规范体系的基本构成，然后分别介绍会计法、会计准则的基本内容，最后探讨国际会计准则及其发展走向。

一、我国会计规范的基本构成

自改革开放以来，我国已经完成了从计划经济体制向市场经济体制的转变。目前已经初步建立了以《会计法》为核心、以行政法规以及部门规章制度为支撑的会计规范体系。

这一体系主要由以下三个层次构成：最高层次是由全国人大常委会颁布实施的《中华人民共和国会计法》（以下简称《会计法》）；第二个层次为国务院规定的有关会计工作的行政法规，如《企业财务会计报告条例》《总会计师报告条例》等；第三个层次为财政部制定的有关会计核算和会计工作的部门规章和规范性文件等会计标准，包括《企业会计准则》《企业会计制度》《企业会计制度补充规定》《会计制度的问题解答》等。

除上述外，在其他法律法规、规章制度中也有部分内容构成了对会计法规的直接或间接的支持。如《公司法》《证券法》《商业银行法》《刑法》以及证监会颁布的一系列信息披露规范。

二、会计法

《会计法》于 1985 年 1 月 21 日首次颁布施行，是新中国第一部专门规范会计活动的重要法律。1993 年 12 月 29 日经第八届全国人大常委会第五次会议修正，后又于 1999 年 10 月 31 日经第九届全国人大常委会第十二次会议修订后由国家主席令下令公布，于 2000 年 7 月 1 日起施行，于 2017 年 11 月修正。《会计法》全文共七章，包含总则、会计核算、公司企业会计核算的特别规定、会计监督、会计机构和人员、法律责任和附则，具体又分为五十二条，以规范会计实务。

《会计法》是一切会计工作的根本大法。国家、企事业单位、社会团体以及个体工商户和其他组织都必须遵守《会计法》，进行会计实务工作。其他会计规范如会计制度和会计准则的制定都必须以《会计法》为依据。除了规范会计实务，《会计法》的颁布与施行对提高财务会计的质量也起到了积极的作用，具体表现在以下几方面：

1. 对会计信息的真实性提出强制要求。《会计法》重点强调了会计信息的真实完整，严格禁止虚假信息。比如在第二章第九条中规定"各单位必须根据实际发生的经济业务事项进行会计核算，填制会计凭证，登记会计账簿，编制财务会计报告。任何单位不得以虚假的经济事项或者资料进行会计核算"。其余类似的规定如第八条、第十二条和第二十条。这些规定表明会计信息的真实性是财务会计实务的根本价值之所在，通过法律形式来严格规定十分必要，如果会计实务反映了虚假的经济业务并产生了虚假的会计信息，就必须承担各种法律责任。

2. 强调会计监督的作用。《会计法》强调的会计监督包括内部监督和外部监督。在第二十七条里明确规定了各单位应当建立健全本单位的内部会计监督制度，并提出了内部会计监督制度的具体要求。在第三十三条里又规定了下列机构对企业实行外部的会计监督，包含财政、税务、人民银行、证券监管、保险监管等部门。通过会计监督，会计实务受到了内部和外部的双重约束，能够提供更加真实完整的会计信息。

3. 明确规定了单位负责人对财务欺诈的经济责任。我国的会计信息失真问题，单位负责人难辞其咎。《会计法》第四条明确规定单位负责人对本单位的会计工作和会计资料的真实性、完整性负责。该规定实际上对授权和唆使会计人员造假的行为予以了坚决打击，扭转了原先会计人员作为替罪羊对会计信息失真承担完全责任的不公现象，有利于解决会计信息失真的实际问题。

4. 特别关注上市公司的会计行为。随着资本市场，尤其是证券市场的不断成熟，上市公司的规范问题越来越突出。《会计法》对上市公司的会计行为十分关注，比如对公司收入、成本和利润的核算做出了不得偏离经济业务实质的规定。该规定实际上对上市公司的利润操纵行为进行了广义上的规范，并强调了会计制度对公司制企业的约束作用。

三、会计准则体系

（一）我国会计准则的演变

各国的会计准则的发展史表明，会计准则与资本市场之间存在着非常密切的关系。在中国上海和深圳两个证券交易所正式建立之前，股票通常通过柜台进行交易，卖方市场是当时的特征，利用会计信息指导决策的需求还未形成，从而对会计准则需求也不迫切。

到了 20 世纪 90 年代初，随着我国经济体制的改革，客观上要求将企业作为一个独立的市场经济主体，以会计信息的形式将其财务状况和经营成果等向外部使用者传达。在这种外在要求下，我国于 1992 年颁布了《企业会计准则——基本准则》。由于基本准则更多的是起到一种解放思想的作用，实际上对当时的会计实务并没有带来多大的影响，会计实务的"自主性"特性仍然很强。为了改变这种状况，财政部于 1993 年下半年集中力量进行了具体会计准则的制定。截至 1996 年 1 月共发布了六批 29 项具体准则的征求意见稿，但由于没有得到相关部门的批准，一直没有形成真正有约束力的会计准则。

基于我国"以国际化为主兼顾中国特色并逐渐向国际化演进"的会计准则制定策略，我国一直在积极实施会计准则国际化。在充分考虑国际惯例及我国具体国情的基础上，财政部于 2006 年 2 月起陆续出台了新会计准则系列（包括 1 项基本会计准则、38 项具体会计准则以及若干项应用指南）。

目前形成的企业会计准则体系是由基本准则、具体准则和应用指南三部分所构成。其中，基本会计准则是纲，在整个准则中起统驭作用；具体会计准则，是根据基本准则原则要求对有关业务或报告做出的具体规定；应用指南是补充，是对具体会计准则的操作指南。该准则系列已于 2007 年 1 月 1 日起在上市公司范围内执行，同时也鼓励其他企业参照执行。执行该企业会计准则的企业不再执行原先的会计准则、企业会计制度和金融企业会计制度。

（二）会计准则的特点

从基本面看我国会计准则体系，可以发现，此次形成的新会计准则体系是在充分考虑我国基本国情的情况下，同时也参照了国际财务报告准则的基础上制定的。其目的之一在于使在此准则体系下编制的财务报表能够更加公允地反映企业的内在价值。不但强化了为投资者和社会公众提供对决策有用的会计信息的新理念，实现了与国际惯例的趋同，还首次构建了比较完整的有机统一体系，并为改进国际财务报告准则提供了有益借鉴，实现了我国企业会计准则建设新的跨越和突破。正如 IASB 前任主席戴维·泰迪所说："中国企业会计准则体系的发布实施，使中国企业会计准则与国际财务报告准则之间实现了实质性趋同，是促进中国经济发展和提升中国在国际资本市场中地位的非常重要的一步。"

此外，我国会计准则体系还具备其他一些特点，主要表现在以下几个方面：

1. 约束力来自强制性的行政命令。会计准则制定权力的归属方有政府和民间之分，如美国等会计准则由民间组织制定的国家，会计准则更像是一种协调经济利益的机制，其制定过程中包含着相关利益集团的政治协商，因此属于制度层面的产物。我国的会计准则由财政部门统一制定，从而大大减少了政治协商的成分，其规范的约束力来自强制性的行政命令，在执行时具有无条件的特点。

2. 强调会计核算反映经济业务的真实情况。现代经济业务日趋复杂，当会计人员面临多变的交易和事项无所适从时，会计准则能给会计人员以技术提示和统一的标准，提供提示和标准的目的在于使会计信息能够反映经济业务的实质。强调会计核算反映经济业务的真实情况对于会计信息的质量意义重大，反映经济业务的真实情况涵盖了对会计信息相关性和可靠性的综合要求。

3. 执行效果有赖于独立审计和市场监管的配合。各国的会计准则制定方式有所不同，但制定准则都包含同样的目的，即将资本市场内的会计实务规范化。会计准则对于上市公司的规范地位是举足轻重的，但是会计准则执行的效果有赖于独立审计和市场监管的配合，行之有效的独立审计和市场监管可以加大公司不遵守会计准则的违约成本，以此约束上市公司的行为。一般来说，会计准则、独立审计和市场监管的协同作用可以有效维持市场秩序，保证市场的"游戏规则"公平而有序。

四、国际会计准则

经济全球化要求全球资本市场一体化，从而有关统一的全球会计准则的供需问题也被推到了会计理论与实务研究的前沿。我国已经加入了 WTO，面临着越来越紧迫的会计国际化问题，了解国际会计准则的演进与发展十分必要。

国际会计准则的制定者——国际会计标准委员会（IASC）建立于 1973 年，作为一个由各国会计职业团体组成的民间团体，其目标是在协调的基础上制定为各国或各地区所承认并遵守的国际会计准则，由于不具备强有力的政治经济背景，因此初期制定的国际会计准则采取汇集和借鉴各国会计准则和惯例的方法。IASC 制定的准则文件包括国际会计准则（IAS）和常设解释委员会解释公告（IAS interpretations），二者的权威性是相同的。

截至 1988 年，IASC 共制定了 26 项国际会计准则，但这些准则仅仅是各国会计实务的汇总，企业的选择范围很大，在此基础上编制的国际财务报表严重缺乏可比性。在资本市场全球化的浪潮里，这种严重缺乏可比性的准则不仅不适用，而且给 IASC 带来了负面影响。为了减少会计备选方法，提高财务报表的可比性，IASC 于 1989 年 1 月出台了《财务报表可比性》的征求意见稿（E32）。根据 E32，在 1989 年至 1995 年间，IASC 针对已有的会计准则进行修订，大量减少会计备选方法，并且首次划分了基准处理法和备选处理法。

IASC 在其努力改革的过程中充分尊重了国际证监会组织（IOSCO）的意见，与此同时也得到了 IOSCO 的关注与支持。从 1995 年起 IASC 致力于制定一套可以在全球资本市场上使用的"核心准则"。2000 年 5 月，IOSCO 宣布已完成对 30 项"核心准则"的评审工作，并推荐在各国资本市场使用。这一成功极大鼓舞了 IASC，其基本目标也由原来的"协调与改进各国会计准则"演变成"制定全球会计准则"。

2001 年 4 月 IASC 改组，国际会计准则理事会（IASB）应运而生。IASB 着手制定并颁布的准则被称为国际财务报告准则（IFRS），相应地解释公告也被更名为国际财务报告解释公告。IASB 具有可以修改或撤销 IASC 时期颁布的国际会计准则和解释公告的权限，未被 IASB 修改或撤销的国际会计准则和解释公告仍将继续适用。

可以用"协调→趋同→全球会计准则"的路径来描述 IASC 到 IASB 的发展。由于 IASB 开始强调制定高质量的全球会计准则，它已经从 IASC 时期的"会计准则协调者"转化为"全球会计准则制定者"，目前正致力于各国会计准则与国际会计准则及国际财务报告准则的趋同。

自 20 世纪 80 年代起，与国际惯例充分协调是我国会计改革一直坚持的方向。最初首先体现在 1985 年颁布的中外合资企业会计制度，进而影响到 1992 年发布的《企业会计准则》以及随后的 13 个行业会计制度及《股份制试点企业会计制度》（后来修订为《股份有限公司会计制度》）。自 1997 年起陆续颁布的 16 项具体会计准则和 2001 年颁布的《企业会计制度》也体现了逐渐与国际会计准则缩小差异的改革成果。但是基于国际会计准则规范的大多是成熟市场经济国家的经济业务或事项，因而我国在借鉴与参照的过程中还必须综合考虑现实的经济和法律环境。比如从我国 2006 年 2 月颁布的新会计准则体系中可以发现，尽管原来被《企业会计制度》限制的公允价值已经被有条件地在衍生金融工具、投资性房地产的会计处理中采用，历史成本计量模式仍然是首选的基础模式。

目前我国已经基本实现了与国际会计准则的"实质性趋同"，但这并不意味着就会产生可比性的会计信息，因为会计准则的国际化并不能保证会计实务的可比性，所以构建与完善会计准则的支撑环境（如公司治理结构、审计、经理人市场、市场结构以及法律诉讼机制）是实现我国会计国际化的必要条件。

第二章　财务会计货币资金管理分析

第一节　货币资金概述

1. 货币资金的内容

货币资金是企业经营过程中以货币形态存在的资产，是企业资产的重要组成部分，也是企业资产中流动性较强的一种资产。任何企业要进行生产经营活动都必须拥有货币资金，持有货币资金是进行生产经营活动的基本条件。货币资金作为支付手段，可用于支付各项费用、清偿各种债务及购买其他资产，所以具有普遍的可接受性。根据货币资金的存放地点及其用途的不同，货币资金分为现金、银行存款、其他货币资金。就会计核算而言，货币资金的核算并不复杂，但由于货币资金具有高度的流动性，因而在组织会计核算过程中，加强货币资金的管理和控制是至关重要的。

2. 货币资金的控制

货币资金是企业资产中流动性较强的资产，加强对其管理和控制，对于保障企业资产安全完整、提高货币资金周转和使用效益具有重要的意义。加强对货币资金的控制，应该结合企业生产经营特点，制定相应的控制制度并监督实施。一般说来，货币资金的管理和控制应该遵循如下原则：

（1）严格职责分工。将涉及货币资金不相容的职责分由不同的人员担任，形成严密的内部牵制制度，以减少和降低货币资金管理上舞弊的可能性。

（2）实行交易分开。将现金支出业务和现金收入业务分开进行处理，防止将现金收入直接用于现金支出的坐支行为。

（3）实行内部稽核。设置内部稽核单位和人员，建立内部稽核制度，以加强对货币资金管理的监督，及时发现货币资金管理中存在的问题，改进对货币资金的管理控制。

（4）实施定期轮岗制度。对涉及货币资金管理和控制的业务人员实行定期轮换岗位。通过轮换岗位，减少货币资金管理和控制中产生舞弊的可能性，并及时发现有关人员的舞弊行为。

第二节 现金

一、现金的概念及范围

现金是货币资金的重要组成部分，作为通用的支付手段，也是对其他资产进行计量的一般尺度和会计处理的基础。它具有不受任何契约的限制、可以随时使用的特点。可以随时用其购买所需的物资，支付有关的费用，偿还债务，也可以随时存入银行。由于现金是流动性最强的一种货币资金，企业必须对现金进行严格的管理和控制，使现金能在经营过程中合理通畅地流转，提高现金使用效率，保护现金安全。

现金有狭义的概念和广义的概念之分。狭义的现金仅指库存现金，包括人民币现金和外币现金。我国会计实务中定义的现金即狭义的现金，而很多西方国家较多地采用了广义的现金概念。广义的现金除库存现金外，还包括银行存款，也包括其他符合现金定义，可以普遍接受的流通中的票证，如个人支票、旅行支票、银行汇票、银行本票、邮政汇票等。但下列各项不应列为现金：

1. 企业为取得更高收益而持有的金融市场的各种基金、存款证以及其他类似的短期有价证券，这些项目应列为短期投资。

2. 企业出纳手中持有的邮票、远期支票、被退回或止付的支票、职工借条等。其中，邮票应作为库存办公用品或待摊费用；欠款客户出具的远期支票应作为应收票据；因出票人存款不足而被银行退回或出票人通知银行停止付款的支票，应转为应收账款；职工借条应作为其他应收款。

3. 其他不受企业控制、非日常经营使用的现金。比如，公司债券偿债基金、受托人的存款、专款专储等供特殊用途使用的现金。

二、现金的内部控制

由于现金是交换和流通手段，又可以当作财富来储蓄，其流动性又最强，所以最容易被挪用或侵占。因此，任何企业都应特别重视现金的管理。现金流动是否合理和恰当，对企业的资金周转和经营成败至关重要。为确保现金的安全与完整，企业必须建立健全现金内部控制制度。而且，由于现金是一项非生产性资产，除存款利息外不能为企业创造任何价值，因此企业的现金在保证日常开支需要的前提下不应持有过多，健全现金内部控制制度有助于企业保持合理的现金存量。

当然，现金内部控制的目的并不是发现差错，而是要减少发生差错、舞弊、欺诈的机会。一个有效的内部控制制度，不允许由单独一个人自始至终地操纵和处理一笔业务的全过程。

各自独立的部门之间必须有明确合理的分工，不允许一个人兼管现金的收入和支付，不允许经管现金的人员兼管现金的账册。内部控制制度在一定程度上起到保护现金资产安全的作用。此外，也可以利用电子计算机监管各项记录的正确性和提高现金收付的工作效率。

健全的现金内部控制制度包含：现金收入控制、现金支出控制和库存现金控制三个部分。

1. 现金收入的内部控制

现金收入主要与销售产品或提供劳务的活动有关，因而应健全销售和应收账款的内部控制制度，作为现金收入内部控制制度的基础。

现金收入控制的目的是要保证全部现金收入都无一遗漏地入账。其基本内容有：

（1）签发现金收款凭证（即收据）与收款应由不同的经办人员负责办理。一般由销售部经办销售业务的人员填制销货发票和收款收据，会计部门出纳员据以收款，其他会计人员据以入账。处理现金收入业务的全过程由不同人员办理，可以确保销货发票金额、收据金额和入账金额完全一致，能达到防止由单独一个人经办可能发生弊端的目的，起到相互牵制的作用。

（2）一切现金收入必须当天入账，尽可能在当天存入银行，不能在当天存入银行的，应该于次日上午送存银行，防止将现金收入直接用于现金支出的"坐支"行为。

（3）一切现金收入都应无一例外地开具收款收据。对收入款有付款单位开给的凭证，会计部门在收到时，仍应开收据给交款人，以分清彼此责任。

（4）建立"收据销号"制度，监督收入款项的入账。即根据开出收据的存根与已入账的收据联，按编号、金额逐张核对，核对无误后予以注销。作废的收据应全联粘贴在存根上。"收据销号"的目的是确保已开出的收据无一遗漏地收到了款项，且现金收入全部入账。

（5）控制收款收据和销货发票的数量和编号。领用收据应由领用人签收领用数量和起讫编号。收据存根由收据保管人收回，回收时要签收，并负责保管。要定期查对尚未使用的空白收据，防止短缺遗失。已使用过的收据和发票应清点、登记、封存和保管，并按规定手续审批后销毁。

（6）对于邮政汇款，在收到时应由两人会同拆封，并专门登记有关来源、金额和收据情况。

（7）企业从开户银行提取现金，应当写明用途，加盖预留银行印鉴，经开户银行审核后，予以支付现金。

2. 现金支出的内部控制

现金支出控制的目的是要保证不支付任何未经有关主管认可批准付款的款项。现金支出要遵守国家规定的结算制度和现金管理办法。其基本内容有：

（1）支付现金要符合国家规定的现金使用范围。根据国务院颁发的《现金管理暂行条例》的规定，下列几种情况允许企业使用现金结算：

①支付职工的工资、津贴；

②个人劳务报酬；

③支付给个人的科学技术、文化艺术、体育等各项奖金；

④向个人收购农副产品或其他物资而支付的款项；

⑤各种劳保、福利费用以及国家规定的对个人的其他支出，如支付的各种抚恤金、退休金、社会保险和社会救济支出；

⑥出差人员必须随身携带的差旅费；

⑦转账结算起点以下（1 000元）的零星开支；

⑧中国人民银行规定的其他使用现金的范围。

（2）与付款相关的授权、采购、出纳、记账工作应由不同的经办人员负责，不可以职责不分，一人兼管。

（3）支票的签发至少要由两人签字或盖章，以便相互牵制、互相监督。

（4）任何款项的支付都必须以原始凭证作为依据，由经办人员签字证明，分管主管人员审批，并经有关会计人员审核后，出纳人员方能据以办理付款。

（5）付讫的凭证要盖销"银行付讫"或"现金付讫"章，并且定期装订成册，由专人保管，以防付款凭证遭盗窃、窜改和重复报销等情况的发生。

按照上述内部控制的内容，处理现金支出业务应遵照规定的程序进行。

3.库存现金的内部控制

库存现金控制的目的是要确定合理的库存现金限额，并保证库存现金的安全、完整。其基本内容有：

（1）正确核定库存现金限额，超过限额的现金应及时送存银行。库存现金限额应由开户银行和企业共同根据企业的日常零星开支的数额及距离银行远近等因素确定。企业一般保留三到五天的零用现金，最多不得保留超过15天的零用现金。库存现金限额一经确定，超过部分必须在当天或次日上午由企业送存银行。未经银行许可，企业不得擅自坐支现金。确实情况特殊，需坐支现金的，应由企业向银行提交坐支申请，在银行批准的坐支额度内坐支，并按期向银行报告坐支情况。库存现金低于限额时企业可向银行提取现金，限额。

（2）出纳人员必须及时登记现金记账，做到日清月结，不得以不符合财务制度和会计凭证手续的"白条"和单据抵充库存现金；不能谎报用途套取现金；不能用银行账户代其他单位和个人存入或支取现金；不能将单位收入的现金以个人名义存储，即"公款私存"；不能保留账外公款，不得设置小金库等。每天营业终了后要核对库存现金和现金日记账的账面余额，发现账实不符，要及时查明原因并予以处理。

（3）内部审计或稽核人员要定期对库存现金进行核查，也可根据需要进行临时抽查。

在实务中，不同企业由于其业务性质、经营规模、人员数量、现金的来源渠道和支出用途等因素不同，其现金控制制度也不尽相同。然而，不同条件下设立内部控制制度应遵循的基本原则是相同的。其基本原则主要体现在两个方面：第一，实施处理现金业务的合理分工，即现金收支业务包括授权、付款、收款和记录等各个环节，应该由不同的人员来完成，以便形成严密的内部牵制制度。第二，加强银行对现金收支的控制和监督，即企业应尽可能保持最少量的库存现金，绝大部分现金应存入银行，主要的现金支出都使用支票通过银行办理。这样，不但可以减少保存大量库存现金的成本和风险，而且银行提供的对账单也为检查现金收支记录的正确性提供了依据。

三、现金业务的会计处理

为加强对现金的核算，企业应设置"现金"账户。"现金"账户借方反映由于现销、提现等而增加的现金，贷方反映由于现购、现金送存银行、发放工资、支付其他费用等而减少的现金。该账户期末借方余额反映企业实际持有的库存现金。

另外，为随时掌握现金收付的动态和库存余额，保证现金的安全，企业必须设置"现金日记账"，按照业务发生的先后顺序逐笔序时登记。每日终了，应根据登记的"现金日记账"结余数与实际库存数进行核对，做到账实相符。月份终了，"现金日记账"的余额必须与"现金"总账的余额核对相符。

有外币现金收支业务的单位，应该按照人民币现金、外币现金的币种设置现金账户进行明细核算。

第三节　银行存款

银行存款是企业存放在银行或其他金融机构的货币资金。依国家有关规定，凡是独立核算的单位都必须在当地银行开设账户。企业在银行开设账户以后，超过限额的现金必须存入银行；除按规定限额保留库存现金外，除了在规定的范围内可以用现金直接支付的款项外，在经营过程中所发生的一切货币收支业务，都必须通过银行存款账户进行结算。

一、银行存款账户的管理

1.银行存款账户的类型

正确开立和使用银行账户是做好资金结算工作的基础，企业只有在银行开立了存款账户，才能通过银行同其他单位进行结算，办理资金的收付。

《银行账户管理办法》将企事业单位的存款账户划分为四类，即基本存款账户、一般存款账户、临时存款账户和专用存款账户。

一般企事业单位只能选择一家银行的一个营业机构开立一个基本存款账户，主要用于办理日常的转账结算和现金收付，企事业单位的工资、奖金等现金的支取只能通过该账户办理；企事业单位可在其他银行的一个营业机构开立一个一般存款账户，该账户可办理转账结算和存入现金，但不能支取现金；临时存款账户是存款人因临时经营活动需要开立的账户，如临时采购资金等；专用存款账户是企事业单位因特定用途需要开立的账户，如基本建设项目专项资金。

2. 银行存款账户的管理

为了加强对基本存款账户的管理，企事业单位开立基本存款账户实行开户许可证制度，必须凭中国人民银行当地分支机构核发的开户许可证办理。对银行存款账户的管理规定如下：

（1）企事业单位不得为还贷、还债和套取现金而多头开立基本存款账户；

（2）不得出租、出借银行账户；

（3）不得违反规定在异地存款和贷款而开立账户；

（4）任何单位和个人不得将单位的资金以个人名义开立账户存储。

二、银行结算方式的种类

在我国，企业日常与其他企业或个人的大量的经济业务往来，都是通过银行结算的。银行是社会经济活动中各项资金流转结算的中心。为了保证银行结算业务的正常开展，使社会经济活动中各项资金得以通畅流转，依据《中华人民共和国票据法》和《票据管理实施办法》，中国人民银行总行对银行结算办法进行了全面的修改和完善，形成了《支付结算办法》，并于1997年12月1日正式施行。

《支付结算办法》规定，企业目前可以选择使用的票据结算工具主要包括银行汇票、商业汇票、银行本票和支票，可以选择使用的结算方式主要包括汇兑、托收承付和委托收款三种以及信用卡，另外还有一种国际贸易采用的结算方式，即信用证。

1. 银行汇票

银行汇票是由出票银行签发的，由其在见票时按照实际结算金额无条件支付给收款人或持票人的票据。银行汇票具有使用灵活、票随人到、兑现性强等特点，适用于先收款后发货或钱货两清的商品交易。单位和个人各种款项结算，均可以使用银行汇票。

银行汇票可以用于转账，填明"现金"字样的银行汇票也可以用于支取现金。银行汇票的付款期为1个月。超过付款期限提示付款不获付款的，持票人须在票据权利时效内向出票银行做出说明，并且提供本人身份证件或单位证明，持银行汇票和解讫通知向出票银行请求付款。丧失的银行汇票，失票人可凭人民法院出具的其享有票据权利的证明向出票银行请示付款或退款。

企业支付购货款等款项时，应当向出票银行填写"银行汇票申请书"，填明收款人名称、支付人、申请人、申请日期等事项并签章，签章为其预留银行的印鉴。银行受理银行汇票申请书，收取款项后签发银行汇票，并用压数机压印出票金额，然后将银行汇票和解讫通知一并交给汇款人。

申请人取得银行汇票后即可持银行汇票向填明的收款单位办理结算。银行汇票的收款人可以将银行汇票背书转让给他人。背书转让以不超过出票金额的实际结算金额为限，未填写实际结算金额或实际结算金额超过出票金额的银行汇票不得背书转让。

收款企业在收到付款单位送来的银行汇票时，应在出票金额以内，按照实际需要的款项办理结算，并将实际结算金额和多余金额准确清晰地填入银行汇票和解讫通知的有关栏内。银行汇票的实际结算金额低于出票金额的，其多余金额由出票银行退交申请人。收款企业还应当填写进账单并在汇票背面"持票人向银行提示付款签章"处签章，签章应与预留银行的印鉴相同，然后，将银行汇票和解讫通知、进账单一并交开户银行办理结算，银行审核无误后，办理转账。

2. 银行本票

银行本票是由银行签发的、承诺自己在见票时无条件支付确定的金额给收款人或者持票人的票据。银行本票由银行签发并保证兑付，而且见票即付，具有信誉高、支付功能强等特点。用银行本票购买材料物资，销货方可以见票付货，购货方可以凭票提货，债权债务双方可以凭票清偿。收款人将本票交存银行，银行即可为其入账。无论单位或个人，在同一票据交换区域都可以使用银行本票支付各种款项。

银行本票分为定额本票和不定额本票：定额本票面值分别为 1000 元、5000 元、10000 元、50000 元。在票面画去转账字样的为现金本票。

银行本票的付款期限为自出票日起最长不超过 2 个月，在付款期内银行本票见票即付；超过提示付款期限不获付款的，在票据权利时效内向出票银行做出说明，并提供本人身份证或单位证明，可持银行本票向银行请求付款。

企业支付购货款等款项时，应向银行提交"银行本票申请书"，填明收款人名称、申请人名称、支付金额、申请日期等事项并签章。申请人或收款人为单位的，银行不予签发现金银行本票。出票银行受理银行本票申请书后，收妥款项签发银行本票。不定额银行本票用压数机压印出票金额，出票银行在银行本票上签章后交给申请人。

申请人取得银行本票后，即可向填明的收款单位办理结算。收款单位可以根据需要在票据交换区域内背书转让银行本票。

收款企业在收到银行本票时，应当在提示付款时在本票背面"持票人向银行提示付款签章"处加盖预留银行印鉴，同时填写进账单，连同银行本票一并交开户银行转账。

3. 商业汇票

商业汇票是出票人签发的、委托付款人在指定日期无条件支付确定的金额给收款人或者持票人的票据。在银行开立存款账户的法人以及其他组织之间须具有真实的交易关系或债权债务关系，才能使用商业汇票。商业汇票的付款期限由交易双方商定，但最长不得超过 6 个月。商业发票的提示付款期限自汇票到期日起 10 日内。

存款人领购商业汇票，必须填写"票据和结算凭证领用单"并加盖预留银行印鉴；存款账户结清时，必须将全部剩余空白商业汇票交回银行注销。

商业汇票可以由付款人签发并承兑，也可以由收款人签发交由付款人承兑。定日付款或者出票后定期付款的商业汇票，持票人应该在汇票到期日前向付款人提示承兑；见票后定期付款的汇票，持票人应该自出票日起 1 个月内向付款人提示承兑。汇票未按规定期限提示承兑的，持票人即丧失对其前手的追索权。付款人应当自收到提示承兑的汇票之日起 3 日内承兑或者拒绝承兑。付款人拒绝承兑的，必须出具拒绝承兑的证明。商业汇票可以背书转让。符合条件的商业承兑汇票的持票人可持未到期的商业承兑汇票连同贴现凭证，向银行申请贴现。

商业汇票按承兑人不同分为商业承兑汇票和银行承兑汇票两种。

（1）商业承兑汇票

商业承兑汇票是由银行以外的付款人承兑。商业承兑汇票按交易双方约定，由销货企业或购货企业签发，但由购货企业承兑。承兑时，购货企业应在汇票正面记载"承兑"字样和承兑日期并签章。承兑不得附有条件，否则视为拒绝承兑。汇票到期时，购货企业的开户银行凭票将票款划给销货企业或贴现银行。销货企业应在提示付款期限内通过开户银行委托收款或直接向付款人提示付款。对异地委托收款的，销货企业可匡算邮程，提前通过开户银行委托收款。汇票到期时，如果购货企业的存款不足支付票款，开户银行应当将汇票退还销货企业，银行不负责付款，由购销双方自行处理。

（2）银行承兑汇票

银行承兑汇票由银行承兑，由在承兑银行开立存款账户的存款人签发。承兑银行按票面金额向出票人收取万分之五的手续费。

购货企业应于汇票到期前将票款足额交存其开户银行，以备由承兑银行在汇票到期日或到期日后的见票当日支付票款。销货企业应在汇票到期时将汇票连同进账单送交开户银行以便转账收款。承兑银行凭汇票将承兑款项无条件转给销货企业，如果购货企业于汇票到期日未能足额交存票款时，承兑银行除凭票向持票人无条件付款外，对出票人尚未支付的汇票金额按照每天万分之五计收罚息。

采用商业汇票结算方式，可以使企业之间的债权债务关系表现为外在的票据，使商业信用票据化，加强约束力，有利于维护和发展社会主义市场经济。对于购货企业来说，由于可以延期付款，可以在资金暂时不足的情况下及时购进材料物资，从而保证生产经营顺利进行。对于销货企业来说，可以疏通商品渠道，扩大销售，促进生产。汇票经过承兑，信用较高，可以按期收回货款，防止拖欠，在急需资金时，还可以向银行申请贴现，融通资金，比较灵活。销货企业应根据购货企业的资金和信用情况不同，选用商业承兑汇票或银行承兑汇票；购货企业应加强资金的计划管理，调度好货币资金，在汇票到期以前，将票款送存开户银行，保证按期承付。

4. 支票

支票是单位或个人签发的、委托办理支票存款业务的银行在见票时无条件支付确定的金额给收款人或者持票人的票据。

支票结算方式是同城结算中应用比较广泛的一种结算方式。单位和个人在同一票据交换区域的各种款项结算，均可以使用支票。支票由银行统一印制，支票上印有"现金"字样的为现金支票。支票上印有"转账"字样的为转账支票，转账支票只能用于转账。未印有"现金"或"转账"字样的为普通支票，普通支票可以用于支取现金，还可以用于转账。在普通支票左上角画两条平行线的，为画线支票，画线支票只能用于转账，不可支取现金。

支票的提示付款期限为自出票日起 10 日内，中国人民银行另有规定的除外。超过提示付款期限的，持票人开户银行不予受理，付款人不予付款。转账支票可以根据需要在票据交换区域内背书转让。

存款人领购支票，必须填写"票据和结算凭证领用单"并加盖预留银行印鉴。存款账户结清时，必须将全部剩余空白支票交回银行注销。

企业财会部门在签发支票之前，出纳人员应该认真查明银行存款的账面结余数额，防止签发超过存款余额的空头支票。签发空头支票，银行除退票外，还按票面金额处以 5% 但不低于 1000 元的罚款。持票人有权要求出票人赔偿支票金额 2% 的赔偿金。签发支票时，应使用蓝黑墨水或碳素墨水，将支票上的各要素填写齐全，并在支票上加盖其预留的银行印鉴。出票人预留银行的印鉴是银行审核支票付款的依据。银行也可以与出票人约定使用支付密码，作为银行审核支付支票金额的条件。

5. 信用卡

信用卡是指商业银行向个人和单位发行的，凭以向特约单位购物、消费和向银行存取现金且具有消费信用的特制载体卡片。

信用卡按使用对象分为单位卡和个人卡；按信誉等级分为金卡和普通卡。凡在中国境内金融机构开立基本存款账户的单位可申领单位卡。单位卡可申领若干张，持卡人资格由申领单位法定代表人或其委托的代理人书面指定和注销，持卡人不得出租或转借信用卡。单位卡账户的资金一律从其基本存款账户转账存入，在使用过程中，需要向其账户续存资金的，也一律从其基本存款账户转账存入，不可以交存现金，不可以将销货收入的款项存入其账户。单位卡一律不得用于 10 万元以上的商品交易、劳务供应款项的结算，不可以支取现金。

信用卡在规定的限额和期限内允许善意透支，对于透支额，金卡最高不得超过 10000 元，普通卡最高不得超过 5000 元。透支期限最长为 60 天。透支利息，自签单日或银行记账日起 15 日内按日息万分之五计算；超过 15 日，则按日息万分之十计算；超过 30 日或透支金额超过规定限额的，按日息万分之十五计算。透支计算不分段，按最后期限或者最高透支额的最高利率档次计息。超过规定限额或规定期限，并且经发卡银行催收无效的透支行为称为恶意透支，持卡人使用信用卡不得发生恶意透支。严禁将单位的款项存入个人卡账户中。

单位或个人申领信用卡，应按规定填制申请表，连同有关资料一并送交发卡银行。符合条件并按银行要求交存一定金额的备用金后，银行为申领人开立信用卡存款账户，并发给信用卡。

6. 汇兑

汇兑是汇款人委托银行将其款项支付给收款人的结算方式。单位和个人的各种款项的结算，都可使用汇兑结算方式。

汇兑分为信汇、电汇两种。信汇是指汇款人委托银行通过邮寄方式将款项划转给收款人。电汇是指汇款人委托银行通过电报将款项划给收款人。这两种汇兑方式由汇款人根据需要选择使用。汇兑结算方式适用于异地之间的各种款项结算。这种结算方式划拨款项简便、灵活。

企业采用这一结算方式，付款单位汇出款项时，应当填写银行印发的汇款凭证，列明收款单位名称、汇款金额及汇款的用途等项目，送达开户银行，委托银行将款项汇往收汇银行。收汇银行将汇款收进单位存款户后，向收款单位发出收款通知。

7. 委托收款

委托收款是收款人委托银行向付款人收取款项的结算方式。无论单位还是个人都可凭已承兑商业汇票、债券、存单等付款人债务证明办理同城或异地款项收取。委托收款还适用于收取电费、电话费等付款人众多且分散的公用事业费。

委托收款结算款项划回的方式分为邮寄和电报两种。

企业委托开户银行收款时，应填写银行印制的委托收款凭证和有关的债务证明。在委托收款凭证中写明付款单位名称、收款单位名称、账号及开户银行，委托收款金额的大小写，款项内容，委托收款凭据名称及附寄单证张数等。企业的开户银行受理委托收款后，将委托收款凭证寄交付款单位开户银行，由付款单位开户银行审核，并通知付款单位。

付款单位收到银行交给的委托收款凭证及债务证明，应签收并在3天之内审查债务证明是否真实，是否是本单位的债务，确认之后通知银行付款。

付款单位应在收到委托收款通知的次日起3日内，主动通知银行是否付款。倘若不通知银行，银行视同企业同意付款并在第4日，从单位账户中付出此笔委托收款款项。

付款人在3日内审查有关债务证明后，认为债务证明或与此有关的事项符合拒绝付款的规定，应出示拒绝付款理由书和委托收款凭证第五联及持有的债务证明，向银行提出拒绝付款。

8. 托收承付

托收承付是根据购销合同由收款人发货后委托银行向异地付款人收取款项，由付款人向银行承认付款的结算方式。使用托收承付结算方式的收款单位和付款单位，必须是国有企业、供销合作社以及经营管理较好，并经开户银行审查同意的城乡集体所有制工业企业。办理托收承付结算的款项，必须是商品交易，以及因商品交易而产生的劳务供应的款项。代销、寄销、赊销商品的款项，不可以办理托收承付结算。

托收承付款项划回方式分为邮寄和电报两种，由收款人根据需要选择使用；收款单位办理托收承付，必须具有商品发出的证件或其他证明。托收承付结算每笔的金额起点为10000元。

采用托收承付结算方式时，购销双方务必签有符合《经济合同法》的购销合同，并在合同上订明使用托收承付结算方式。销货企业按照购销合同发货后，应填写托收承付凭证，盖章后连同发运证件（包括铁路、航运、公路等运输部门签发的运单、运单副本和邮局包裹回执）或其他符合托收承付结算的有关证明和交易单证送交开户银行办理托收手续。

销货企业开户银行接受委托后，将托收结算凭证回联退给企业，作为企业进行账务处理的依据，并将其他结算凭证寄往购货单位开户银行，由购货单位开户银行通知购货单位承认付款。

购货企业收到托收承付结算凭证和所附单据后，应当立即审核是否符合订货合同的规定。按照《支付结算办法》的规定，承付货款分为验单付款与验货付款两种，这在双方签订合同时约定。验单付款是购货企业根据经济合同对银行转来的托收结算凭证、发票账单、托运单及代垫运杂费等单据进行审查无误后，即可承认付款。为了便于购货企业对凭证的审核和筹措资金，结算办法规定承付期为3天，从付款人开户银行发出承付通知的次日算起（承付期内遇法定休假日顺延）。购货企业在承付期内，未向银行表示拒绝付款，银行即视作承付，并在承付期满的次日（法定休假日顺延）上午银行开始营业时，将款项主动从付款人的账户内付出，按照销货企业指定的划款方式，划给销货企业。验货付款是购货企业待货物运达企业，对其进行检验与合同完全相符后才承认付款。为了满足购货企业组织验货的需要，结算办法规定承付期为10天，从运输部门向购货企业发出提货通知的次日算起。承付期内购货企业未表示拒绝付款的，银行视为同意承付，于10天期满的次日上午银行开始营业时，将款项划给收款人。为满足购货企业组织验货的需要，对收付双方在合同中明确规定，并在托收凭证上注明验货付款期限的，银行从其规定。

对于以下情况，付款人可以在承付期内向银行提出全部或部分拒绝付款：（1）没有签订购销合同或购销合同未订明托收承付结算方式的款项；（2）未经双方事先达成协议，收款人提前交货或因逾期交货付款人不再需要该项货物的款项；（3）未按合同规定的到货地址发货的款项；（4）代销、寄销、赊销商品的款项；（5）验单付款，发现所列货物的品种、规格、数量、价格与合同规定不符，或货物已到，经查验货物与合同规定或发货清单不符的款项；（6）验货付款，经查验货物与合同规定或与发货清单不符的款项；（7）货款已经支付或计算错误的款项。

不属于上述情况的，购货企业不得提出拒付。

购货企业提出拒绝付款时，必须填写"拒绝付款理由书"，注明拒绝付款理由，涉及合同的应引证合同上的有关条款。属于商品质量问题，需要提出质量问题的证明；属于外贸部门进口商品，应当提出国家商品检验或运输等部门出具的证明，向开户银行办理拒付手续。

银行同意部分或全部拒绝付款的，应当在拒绝付款理由书上签注意见，并将拒绝付款理由书、拒付证明、拒付商品清单和有关单证邮寄收款人开户银行转交销货企业。

付款人开户银行对付款人逾期支付的款项，依据逾期付款金额和逾期天数，按每天万分之五计算逾期付款赔偿金。逾期付款天数从承付期满日算起。银行审查拒绝付款期间不算作付款人逾期付款，但对无理的拒绝付款而增加银行审查时间的，从承付期满日起计算逾期付款赔偿金。赔偿金实行定期扣付，每月计算一次，于次月3日内单独划给收款人。赔偿金的扣付列为企业销货收入扣款顺序的首位。付款人账户余额不足支付时，应当排列在工资之前，并对该账户采取"只收不付"的控制办法，直到足额扣付赔偿金后才准予办理其他款项的支付，由此产生的经济后果由付款人自负。

9. 信用证

信用证结算方式是国际结算的一种主要方式。经中国人民银行批准经营结算业务的商业银行总行以及经商业银行总行批准开办信用证结算业务的分支机构，也可以办理国内企业之间商品交易的信用证结算业务。

采用信用证结算方式的，收款单位收到信用证后，即备货装运，签发有关发票账单，连同运输单据和信用证，送交银行，根据退还的信用证等有关凭证编制收款凭证；付款单位在接到开证行的通知时，根据付款的有关单据编制付款凭证。

企业通过银行办理支付结算时应当认真执行国家各项管理办法和结算制度。中国人民银行颁布的《支付结算办法》规定：

（1）单位和个人办理结算，不可签发没有资金保证的票据或远期支票，套取银行信用；

（2）不可签发、取得或转让没有真实交易和债权债务的票据，套取银行和他人的资金；

（3）不准无理拒绝付款，任意占用他人资金；

（4）不准违反规定开立和使用账户。

三、银行存款业务的会计处理

为正确核算银行存款，企业应按开户银行和其他金融机构、存款种类等，分别设置"银行存款日记账"，由出纳人员根据收付款凭证，按照业务的发生顺序逐笔登记，每日终了应结出余额。该账户借方反映由于销售、收回款项、现金送存银行等而增加的银行存款，贷方反映由于购货、支付款项、提现等而减少的银行存款；期末借方余额，反映企业实际存在银行或其他金融机构的款项。月末"银行存款日记账"账面余额应与"银行存款"总账余额核对相符。

有外币存款的企业，应当分别为人民币和各种外币设置"银行存款日记账"进行明细核算。

"银行存款日记账"应当定期与"银行对账单"核对。至少每月核对一次。月度终了，企业银行存款日记账账面余额与银行对账单余额之间如有差额，务必逐笔查明原因进行处理。并按月编制"银行存款余额调节表"调节相符。

企业应加强对银行存款的管理，并定期对银行存款进行检查。如果有确凿证据表明存在银行或其他金融机构的款项已经部分不能收回，或者全部不能收回，如吸收存款的单位已宣告破产，其破产财产不足以清偿的部分，或者全部不能清偿的，应当作为当期损失，记入"营业外支出"科目。

四、银行存款余额的调节

企业每月应当将银行存款日记账余额与银行对账单余额进行核对，以检查企业银行存款记录的正确性。

1.银行存款余额差异的原因

企业银行存款日记账余额与银行对账单余额往往不一致，造成差异的原因是多方面的，主要有：

（1）银行或企业的某一方或双方漏记某一项或几项交易；

（2）银行或企业的某一方或双方记账错误；

（3）存在未达账项。

未达账项是指由于企业与银行取得凭证的时间不同，导致记账时间不一致发生的一方已取得结算凭证且登记入账，而另一方由于尚未取得结算凭证尚未入账的款项。未达账项一般有四种情况：

（1）企业已收款入账而银行尚未入账的款项，即企业已收，银行未收。如企业销售产品收到支票，送存银行后即可根据银行盖章退回的"进账单"回单联登记银行存款的增加，但是由于银行尚未办妥兑收手续而未入账。在这种情况下，若不考虑其他因素，则企业"银行日记账"余额要大于"银行对账单"余额。

（2）企业已付款入账而银行尚未入账的款项，即企业已付，银行未付。比如企业开出支票支付购料款，企业根据支票存根、发票等凭证登记银行存款的减少，而银行由于收款人尚未持票向银行兑取而未入账。在这种情况下，若不考虑其他因素，则企业"银行存款日记账"余额要小于"银行对账单"余额。

（3）银行已收款入账而企业尚未入账的款项，即银行已收，企业未收。如银行已收妥企业托收的款项，已登记企业银行存款增加，企业由于尚未收到银行的收款通知而未入账，或已收到银行的收账通知但未及时入账。在这种情况下，若不考虑其他因素，则企业"银行存款日记账"余额小于"银行对账单"余额。

（4）银行已付款入账而企业尚未入账的款项，即银行已付，企业未付。比如银行代企业直接支付的各种费用，银行已作为企业存款的减少入账，但企业尚未接到凭证而未入账，或已收到凭证但尚未及时入账。在这种情况下，若不考虑其他因素，则企业"银行存款日记账"余额要大于"银行对账单"余额。

2.银行存款余额调节表的编制

企业银行存款日记账余额与银行对账单余额的差异，可以通过编制银行存款余额调节表进行调节，并通过核对调节后余额是否一致，从而进一步检查企业银行存款记录的正确性，保证账实相符。

银行存款余额调节表有两种格式：一种格式是以企业银行存款日记账余额（或银行对账单余额）为起点，加减调整项目，调整到银行对账单余额（或企业银行存款日记账余额）；另一种格式是分别以企业银行存款日记账余额和银行对账单余额为起点。加减各自的调整项目，分别得出两个调节后的余额。在会计实务中较多地采用了后一种格式。

如果调节后的银行存款日记账余额与银行对账单余额相符，一般表明双方记账正确（但是也不排除存在差错的可能性，如两个差错刚好互相抵消，对余额没有影响）。如果调节后的余额还是有差异，则在已调整了全部未达账项情况下，表明记账有错误，应当进一步查找并予以更正；否则，依旧存在未调整的未达账项或记账错误。

3. 银行存款余额调节后的账务处理

对造成银行存款日记账与银行对账单余额差异的各项因素，应当根据具体情况进行不同的处理。

（1）记账错误的处理

企业通过编制银行存款余额调节表发现的银行记账错误，应及时通知银行，予以更正；对于发现的自身记账错误，应当根据错误类型采用画线更正法、红字更正法或补充登记法及时编制调整分录并登记入账。

（2）未达账项的处理

按照国际惯例，对于银行已入账，企业未入账的未达账项，应当编制调整分录并登记入账。

这种做法的主要理由是：企业在月末不及时记录未达账项，或许会影响资产负债表对企业财务状况的恰当表达，使资产负债表上所表述的相关项目与银行存款余额会同时不实。因此，企业应及时记录企业未记账的未达账项，方便公允地反映企业的财务状况。

我国现行会计实务对未达账项的处理与上述国际惯例完全不同。我国现行会计制度规定，对于未达账项不能以银行存款余额调节表作为原始凭证，以此调整银行存款账面记录。只有等到有关结算凭证到达企业时，才能据以进行相应的账务处理，且在下一月度应关注上月银行的未达账项是否及时入账。这一做法虽简化了会计核算，防止重复记账，但不利于财务状况的公允表达。因此，参照国际惯例，我国会计实务对未达账项的处理可做如下适当调整：

①月末不做账务处理，但对其中重大未达账项应在报表附注中加以披露；

②月末先将企业未记录的未达账项登记入账，下月初再将其转回，等收到有关凭证后再做正常处理。

第四节　其他货币资金

在企业的经营资金中，有些货币资金的存放地点和用途与库存现金和银行存款不同，比如外埠存款、银行汇票存款、银行本票存款等。需要设置"其他货币资金"账户以集中反映这些资金，以示它与现金、银行存款的区别。在"其他货币资金"账户之下，可分设外埠存款、银行汇票存款、银行本票存款、信用卡存款、信用证保证金存款、存出投资款等明细账户。现分述如下：

一、外埠存款

外埠存款是指企业到外地进行临时或零星采购时，汇往采购地银行开立采购专户的款项。企业将款项委托当地银行汇往采购地开立专户时，记入"其他货币资金"，收到采购员交来供应单位发票账单等报销凭证时，贷记本科目。将多余的外埠存款转回当地银行时，根据银行的收账通知，借记"银行存款"，贷记"其他货币资金"。

二、银行汇票存款

银行汇票存款是指企业为取得银行汇票按规定存入银行的款项。企业填送"银行汇票申请书"并将款项交存银行，获得银行汇票后，根据银行盖章退回的申请书存根联，借记本科目；企业使用银行汇票后，根据发票账单等有关凭证，贷记本科目；如有多余款或因汇票超过付款期等原因而退回款项，根据开户银行转来的银行汇票第四联（多余款收账通知）载明的金额，贷记本科目。

三、银行本票存款

银行本票存款是指企业为取得银行本票按规定存入银行的款项。企业向银行提交"银行本票申请书"并将款项交存银行，取得银行本票后，根据银行盖章退回的申请书存根联，借记本科目；企业使用银行本票后根据发票账单等有关凭证，贷记本科目；因本票超过付款期等原因而要求退款时，应当填制一式两联的进账单，连同本票一并送交银行，依据银行盖章退回的进账单第一联，贷记本科目。

四、信用卡存款

信用卡存款是指企业为取得信用卡按照规定存入银行的款项。企业应当按照规定填制申请表，连同支票和有关资料一并送交发卡银行，依据银行盖章退回的进账单第一联，借记本科目；企业使用信用卡购物或支付有关费用，贷记本科目；企业信用卡在使用过程中需要向其账户续存资金的，其处理同申请时的处理。

五、信用证保证金存款

信用证保证金存款是指企业为取得信用证按规定存入银行的保证金。企业向银行申请开立信用证，应当按规定向银行提交开证申请书、信用证申请人承诺书和购销合同。企业向银行交纳保证金，依据银行盖章退回的进账单第一联，借记本科目；依据开证行交来的信用证来单通知书及有关单据列明的金额贷记本科目。

六、存出投资款

存出投资款是指企业已存入证券公司但尚未进行短期投资的现金。企业向证券公司划出资金时，按实际划出的金额借记本科目；购买股票、债券时，按实际发生的金额，贷记本科目。

第三章　财务会计固定资产管理分析

第一节　固定资产概述

一、固定资产的概念及特征

固定资产是指使用期限较长、单位价值较高，并且在使用过程中保持原有实物形态的资产。固定资产具有以下一些基本特征：1.预计使用年限超过一年或长于一年的一个经营周期，并且在使用过程中保持原来的物质形态不变；2.用于生产经营活动而不是为了出售；3.价值补偿与实物更新相分离。在固定资产的使用过程中，其价值通过折旧逐渐转移出去，但其物质实体通常并不同时减损，只有在其不能或不宜继续使用时，才对其进行更新处置。

《国际会计准则第16号——不动产、厂房和设备》对固定资产做出定义：固定资产指符合下列各项规定的有形资产：1.企业所有的用于生产或供应产品和劳务的有形资产，包括为了出租给他人，或为了管理上使用的，也包括为了维修这些资产而持有的其他项目；2.为可继续使用而购置或建造的；3.不打算在正常营业过程中出售的。对符合上述标准的资产的租用权，在某些情况下也可以作为固定资产处理。

新修订的《国际会计准则第16号》对固定资产的定义是：固定资产，是指具有下列特征的有形资产：1.预计用于生产、提供商品或劳务、出租或为了行政管理目的而拥有的；2.预计使用期限超过一个会计期间。

我国的《企业会计准则——固定资产》对固定资产做出定义：固定资产是指同时具有以下特征的有形资产：1.为生产商品、提供劳务、出租或经营管理而持有的；2.使用年限超过一年；3.单位价值较高。

企业中固定资产的判定标准通常有两项：1.使用期限在一年以上；2.单位价值在一定标准以上。我国企业会计制度规定："固定资产是指使用期限超过一年的房屋、建筑物、机器、机械、运输工具以及其他与生产、经营有关的设备、器具、工具等。不属于生产、经营主要设备的物品，单位价值在2000元以上，并且使用期限超过2年的，也应当作为固定资产。企业应当根据企业会计制度及有关规定，结合本单位的具体情况，比如经营规模、业务范围的不同，制定适合于本企业的固定资产目录、分类方法、每类或每项固定资产的折旧年限、折旧方法，作为进行固定资产核算的依据。企业制定的固定资产目录、分类方法、每类或每项固定资产的预计使用年限、预计净残值、折旧方法等，应当编制成册，并且按照管理权限，经股东大会或董事会，或经理（厂长）会议或类似机构批准，依照法律、行政法规的规定报送有关各方备案，同期备置于企业所在地，以供投资者等有关各方查阅。

我国《企业会计准则——固定资产》规定：固定资产在同时满足以下两个条件时，才能加以确认：1. 该固定资产包含的经济利益很可能流入企业；2. 该固定资产的成本能够可靠地计量。企业在对固定资产进行确认时，应当按照固定资产的定义和确认条件，考虑企业的具体情形加以判断。企业的环保设备和安全设备等资产，虽然不能直接为企业带来经济利益，却有助于企业从相关资产获得经济利益，也应当确认为固定资产，但是这类资产与相关资产的账面价值之和不能超过这两类资产可收回金额总额。固定资产的各组成部分，如果各自具有不同的使用寿命或者以不同的方式为企业提供经济利益，从而适用不同的折旧率或折旧方法的，应当单独确认为固定资产。

二、固定资产的分类

企业的固定资产种类繁多，用途各异，在经营活动中起着不同的作用。对固定资产进行合理的分类，有利于加强对固定资产的管理，并提高其使用效率；有利于正确核算固定资产的价值，合理计算折旧及相关费用。

1. 按经济用途分类

生产经营用固定资产，指直接参与企业生产过程或直接为生产服务的固定资产，如机器、厂房、设备、工具、器具等。

非生产经营用固定资产，指不直接在生产中使用的固定资产，比如食堂、宿舍、文教卫生等职工福利方面的建筑物、设备等。

按经济用途分类有利于反映和监督企业各类固定资产之间的组成和变化情况，便于考核固定资产的利用现状，更加合理地进行固定资产的配备，充分发挥其效用。

2. 按所有权分类

自有固定资产：企业对该类固定资产享有占有权、处置权，可供长期使用，是企业全部资产的重要构成部分。

租入固定资产：企业通过支付租金取得使用权的固定资产，其租入方式又分为经营性租入和融资性租入两类。经营性租入的固定资产一般在备查簿中登记，而融资租入的固定资产应作为资产入账，在日常使用中为与自有资产相区别，需要单独设立明细账进行核算。

3. 按使用情况分类

（1）使用中的固定资产，指处于使用过程中的经营性和非经营性固定资产，包含在使用或因季节性生产和修理等原因暂时停止使用的固定资产，以及供替换使用的机器设备等。

（2）未使用固定资产，是指尚未使用的新增固定资产，调入尚待安装的固定资产，进行改建、扩建的固定资产以及批准停止使用的固定资产。

（3）不需用固定资产，是指不适用于本企业，准备处理的固定资产。

（4）租出固定资产，是指企业以收取租金的方式租给外单位使用的固定资产。租出固定资产也属于使用中的固定资产。

4.按固定资产的经济用途和使用情况综合分类

（1）生产经营用固定资产。

（2）非生产经营用固定资产。

（3）出租固定资产，是指在经营性租赁方式下租给外单位使用的固定资产。

（4）不需用固定资产。

（5）未使用固定资产。

（6）土地，是指过去已经估价单独入账的土地。因征地而支付的补偿费，应当计入与土地有关的房屋、建筑物的价值内，不单独作为土地价值入账。企业取得的土地使用权不能作为固定资产管理。

（7）融资租入固定资产，是指企业以融资租赁方式租入的固定资产，在租赁期内，应当视同自有固定资产进行管理。

不同企业应根据实际需要选择适合本单位的分类标准，对固定资产进行分类，制定固定资产目录。

三、固定资产的计价

（一）固定资产的计价方法

固定资产的计价主要有以下三种方法：

1.按原始价值计价

又称按历史成本计价，是指按购建某项固定资产达到可使用状态前所发生的一切合理必要的支出作为入账价值。由于这种计价方法有相应的凭证为依据，具有客观性和可验证性的特点，从而成为固定资产的基本计价标准。当然，这种方法具有不可避免的缺点，当会计环境尤其是通货膨胀率和资本成本率较大时，这种方法无法真实反映资产的价值。正因为如此，有人主张以现时重置成本来代替历史成本作为固定资产的计价依据。但是，由于现时重置成本也是经常变化的，具体操作也相当复杂，因此，我国会计制度仍然采用历史成本来对固定资产进行计价。

2.按重置价值计价

又称按重置完全价值计价，按现时重置成本计价，即按现有的生产能力、技术标准，重新购置同样的固定资产所需要付出的代价作为资产的入账价值。

3. 按折余价值计价

是指按固定资产原始价值或重置完全价值减去已计提折旧后的净额作为入账价值。它可以反映企业占用在固定资产上的资金数量和固定资产的新旧程度。

（二）固定资产价值的构成

固定资产在取得时，应当按取得时的成本入账。取得时的成本包括买价、进口关税、运输和保险等相关费用，以及为使固定资产达到预定可使用状态所必要的支出。《国际会计准则第 16 号——不动产、厂房和设备》规定：固定资产项目的成本包括其买价、进口关税和不能返还的购货税款以及为使这项资产达到预定使用状态所需要支付的直接可归属成本。计算买价时，应当扣除一切商业折扣和回扣。直接可归属成本的项目有以下各项：（1）场地整理费；（2）初始运输和装卸费；（3）安装费用；（4）专业人员（如建筑师、工程师）服务费；（5）估计资产拆卸搬移费及场地清理费，这些费用的确认应以《国际会计准则第 23 号》所确认的准备为限。

固定资产取得时的成本应当根据具体情况分别确定：

1. 购入的不需要经过建造过程即可使用的固定资产，按实际支付的买价、包装费、运输费、安装成本、缴纳的有关税金等，作为入账价值。从国外进口的固定资产，其原始成本还应包括按规定支付的关税等。

外商投资企业因采购国产设备而收到税务机关退还的增值税款，冲减固定资产的入账价值。

2. 自行建造的固定资产，按建造该项资产达到预定可使用状态所发生的全部支出，作为入账价值。包括资本化的借款费用。

3. 投资者投入的固定资产，按投资各方确认的价值，作为入账价值。

4. 融资租入的固定资产，按租赁开始日租赁资产的原账面价值与最低租赁付款额的现值两者中较低者，作为入账价值。如果融资租赁资产占企业资产总额比例等于或小于30%的，在租赁开始日，企业也可按最低租赁付款额，作为固定资产的入账价值。最低租赁付款额，是指在租赁期内，承租人应支付或可能要求支付的各种款项（不包括或有租金和履约成本），加上由承租人或与其有关的第三方担保的资产余值；若预计承租人将会在租赁期满以某价格购买此固定资产，则还包括该买价。

5. 在原有固定资产的基础上进行改建、扩建的，按照原固定资产的账面价值，加上由于改建、扩建而使该项资产达到预定可使用状态前发生的支出，减去改建、扩建过程中发生的变价收入，作为入账价值。

6. 企业接受的债务人以非现金资产抵偿债务方式取得的固定资产，或者以应收债权换入固定资产的，按照应收债权的账面价值加上应支付的相关税费，作为入账价值。涉及补价的，按以下规定确定受让的固定资产的入账价值：

（1）收到补价的，按应收债权的账面价值减去补价，加上应支付的相关税费，作为入账价值。

（2）支付补价的，按应收债权的账面价值加上支付的补价和应支付的相关税费，作为入账价值。

7.以非货币性交易换入的固定资产，按换出资产的账面价值加上应支付的相关税费，作为入账价值，涉及补价的，按以下规定确定换入固定资产的入账价值：

（1）收到补价的，按换出资产的账面价值加上应确认的收益和应支付的相关税费减去补价后的余额，作为入账价值；

应确认的收益 ＝ 补价 ×（换出资产的公允价值 – 换出资产的账面价值）÷ 换出资产的公允价值

（2）支付补价的，按换出资产的账面价值加上应支付的相关税费和补价，作为入账价值。

8.接受捐赠的固定资产，应当按下列规定确定其入账价值：

（1）捐赠方提供了有关凭据的，按照凭据上标明的金额加上应支付的相关税费，作为入账价值。

（2）捐赠方没有提供有关凭据的，按照如下顺序确定其入账价值：同类或类似固定资产存在活跃市场的，按同类或类似固定资产的市场价格估计的金额，加上应支付的相关税费，作为入账价值；同类或类似固定资产不存在活跃市场的，按照该接受捐赠的固定资产的预计未来现金流量现值，作为入账价值。

（3）如受赠的系旧的固定资产，按照上述方法确定的价值，减去按该项资产的新旧程度估计的价值损耗后的余额，作为入账价值。

9.盘盈的固定资产，按照同类或类似固定资产的市场价格，减去按该项资产的新旧程度估计的价值损耗后的余额，作为入账价值。

10.经批准无偿调入的固定资产，按调出单位的账面价值加上发生的运输费、安装费等相关费用，作为入账价值。

此外，还要注意以下四点：

（1）固定资产的入账价值中，应当包括企业为取得固定资产而缴纳的契税、耕地占用税、车辆购置税等相关税费；

（2）企业为购进固定资产所支付的增值税不能作为进项税额予以抵扣，应当将所支付的增值税额计入所购进固定资产的成本之中；

（3）企业购置计算机硬件所附带的、未单独计价的软件，与所购置的计算机硬件一并作为固定资产管理；

（4）已达到预定可使用状态但尚未办理竣工决算手续的固定资产，可先按估计价值记账，待确定实际价值后，再进行调整。

（三）有关固定资产计价的两个问题

1. 关于固定资产借款费用的处理

专为购建固定资产而借入的款项所发生的借款费用（包括利息、折价或溢价的摊销和辅助费用以及因外币借款而发生的汇兑差额）是否应计入固定资产成本，是固定资产计价的重要问题。《企业会计准则——借款费用》做了如下规定：

（1）以下三个条件同时具备时，因为专门借款而发生的利息折价或溢价的摊销和汇兑差额应当开始资本化：①资本支出已经发生；②借款费用已经发生；③为使资产达到预定可使用状态所必要的构建活动已经开始。

资本支出只包括购建固定资产而以支付现金、转移非现金资产或者承担带息债务形式发生的支出。

（2）如果固定资产的购建活动发生正常中断，并且中断时间连续超过3个月，应当暂停借款费用的资本化，将其确认为当期费用，直到资产的购建活动重新开始。但如果中断是使购建的固定资产达到预定可使用状态所必要的程序，则借款费用的资本化应当继续进行。

（3）当所购建固定资产达到预定可使用状态时，应当停止其借款费用的资本化；以后发生的借款费用应当于发生当期确认为费用。

2. 关于固定资产价值的调整

固定资产的价值确定并入账以后，一般不得进行调整，但是在一些特殊情况下对已入账的固定资产的价值可进行调整。这些情况包括：

（1）根据国家规定对固定资产价值重新估价；

（2）增加补充设备或改良装置；

（3）将固定资产的一部分拆除；

（4）根据实际价值调整原来的暂估价值；

（5）发现原记固定资产价值有错误。

第二节　固定资产的取得

企业拥有固定资产规模的大小和质量高低，直接影响其生产能力及盈利能力。固定资产所占用的资金在企业总资金中占有的比例较大，且周转周期长，合理有效地控制固定资产占用的资金对整个企业资金的周转、使用具有重要意义。企业对固定资产的需求量，取决于现有的生产规模、生产能力、企业产品在市场上的竞争能力和现代化程度等因素，特别是直接参与生产的机器设备，更应当随生产任务、使用效率等的变化而做相应的调整。所以，企业是否要新增固定资产，采用何种方式增加，应当权衡投资效益再做选择，以确保固定资产发挥最佳的效用。企业一旦决定增加固定资产投资，就要面临选择何种投资方法的问题。

固定资产增加的方式多种多样，主要有购入、自建自制、接受投资、无偿调入、接受捐赠、融资租入、接受抵债、非货币性交易换入、盘盈、改建扩建等方式。

为核算企业的固定资产，设置"固定资产"账户，该账户反映企业固定资产的原价。其借方发生额，反映企业增加的固定资产的原价；其贷方发生额，反映企业减少的固定资产的原价；期末借方余额，反映企业期末固定资产的账面原价。企业应当设置"固定资产登记簿"和"固定资产卡片"，按照固定资产类别、使用部门和每项固定资产进行明细核算。临时租入的固定资产应当另设备查簿进行登记，不在本科目核算。

1. 购入固定资产

购入不需要安装的固定资产，借记"固定资产"，按实际支付（含应支付，下同）的价款，贷记"银行存款"等；购入需要安装的固定资产，先记入"在建工程"，安装完毕交付使用时再转入"固定资产"科目。

2. 投资者投入固定资产

企业对接受投资者作价投入的固定资产，根据投资各方确认的价值，借记"固定资产"科目；按投资方拥有被投资方的股权，贷记"实收资本"科目；按其差额，贷记"资本公积"科目。

3. 无偿调入固定资产

企业按照有关规定并报经有关部门批准无偿调入的固定资产，按照调出单位的账面价值加上新的安装成本、包装费、运杂费等，作为调入固定资产的入账价值。企业调入需要安装的固定资产，按调入固定资产的原账面价值以及发生的包装费、运杂费等，借记"在建工程"等科目；按调入固定资产的原账面价值，贷记"资本公积——无偿调入固定资产"科目；按所发生的支出，贷记"银行存款"等科目；发生的安装费用，借记"在建工程"等科目，贷记"银行存款""应付工资"等科目。工程达到可使用状态时，按工程的实际成本，借记"固定资产"科目，贷记"在建工程"科目。

4. 接受捐赠固定资产

接受捐赠的固定资产，按确定的入账价值，借记"固定资产"科目；按未来应缴的所得税，贷记"递延税款"科目；按确定的入账价值减去未来应缴所得税后的余额，贷记"资本公积"科目；按应支付的相关税费，贷记"银行存款"等科目。

外商投资企业接受捐赠的固定资产，按确定的入账价值，借记"固定资产"科目；按应计入待转资产价值的金额，贷记"待转资产价值"科目；按应支付的相关税费，贷记"银行存款"等科目。

5. 租入固定资产

企业在生产经营过程中，由于生产经营的临时性或季节性需要，或者出于融资等方面的考虑，对于生产经营所需的固定资产可以采用租赁的方式取得。租赁按其性质和形式的不同可分为经营租赁和融资租赁两种。融资租赁，是指实质上转移与资产所有权有关的全部风险和报酬的租赁。经营租赁，是指融资租赁以外的租赁。

（1）以经营租赁方式租入

采用经营租赁方式租入的资产，关键是为了解决生产经营的季节性、临时性的需要，并不是长期拥有，租赁期限相对较短；资产的所有权与租赁资产相关的风险和报酬仍归属出租方，企业只是在租赁期内拥有资产的使用权；租赁期满，企业将资产退还给出租方。

企业对以经营租赁方式租入的固定资产，不作为本企业的资产入账，当然也无须计提折旧。

（2）以融资租赁方式租入

以融资租赁方式租入的固定资产，应当单设明细科目进行核算。企业应当在租赁开始日，按租赁开始日租赁资产的原账面价值与最低租赁付款额的现值两者中较低者作为入账价值，借记"固定资产"科目；按照最低租赁付款额，贷记"长期应付款——应付融资租赁款"科目；按其差额，借记"未确认融资费用"科目。租赁期满，如合同规定将设备所有权转归承租企业，应进行转账，将固定资产从"融资租入固定资产"明细科目转入有关明细科目。

6. 接受抵债固定资产

企业接受的债务人以非现金资产抵偿债务方式取得固定资产，或者以应收债权换取固定资产的，按应收债权的账面余额，贷记"应收账款"等科目，按该项应收债权已计提的坏账准备，借记"坏账准备"科目，按应支付的相关税费，贷记"银行存款""应交税金"等科目，按下式计算的固定资产入账价值，借记"固定资产"科目：

收到补价的，固定资产入账价值 = 应收债权的账面价值 + 应支付的相关税费 − 补价

支付补价的，固定资产入账价值 = 应收债权的账面价值 + 应支付的相关税费 + 补价

按收到（或支付）的补价，借记（或贷记）"银行存款"等科目。

第三节　固定资产的自建与自制

自建、自制固定资产，是指企业自己建造房屋、其他建筑物及各种机器设备等。当企业有能力建造，或者当某项资产的建造成本明显低于其外购成本时，企业往往会选择自己施工筹建的方式取得该资产，以减少相应的费用开支，比如自行建造房屋、自制特殊需要的车床等。自行建造固定资产按是否由本企业组织施工人员施工，分为自营工程和出包工程；前者由本企业组织施工人员进行施工，而后者则是将工程项目发包给建造商，由建造商组织施工。

一、自营工程

（一）自行建造固定资产入账价值的确定

企业自行建造的固定资产（亦称在建工程），应当按建造过程中所发生的全部支出确定其价值，包括所消耗的材料、人工、其他费用和缴纳的有关税金等，作为入账价值。设备安装工程，应把设备的价值包括在内。

工程达到预定可使用状态前因进行试运转所发生的净支出，计入工程成本。企业的在建工程项目在达到预定可使用状态前所取得的试运转过程中形成的能够对外销售的产品，其发生的成本，计入在建工程成本，销售或转为库存商品时，根据实际销售收入或按预计售价冲减工程成本。

盘盈、盘亏、报废、毁损的工程物资，减去保险公司过失人赔偿部分后的差额，工程项目尚未完工的，计入或冲减所建工程项目的成本；工程已经完工的，计入当期营业外收支。在建工程发生单项或单位工程报废或毁损，减去残料价值和过失人或保险公司等赔款后的净损失，计入继续施工的工程成本；如为非常原因造成的报废或毁损，或在建工程项目全部报废或毁损，应将净损失直接计入当期营业外支出。

企业应当定期或者至少于每年年度终了，对在建工程进行全面检查，如果有证据表明在建工程已经发生了减值，应当计提减值准备。存在下列一项或若干项情况的，应当计提在建工程减值准备：1.长期停建并且预计在未来三年内不会重新开工的在建工程；2.所建项目无论在性能上，还是在技术上已经落后，并且给企业带来的经济利益具有很大的不确定性；3.其他足以证明在建工程已经发生减值的情形。

所建造的固定资产已达到预定可使用状态，但尚未办理竣工决算的，应当自达到预定可使用状态之日起，依据工程预算造价或者工程实际成本等，按估计的价值转入固定资产，并按本制度关于计提固定资产折旧的规定，计提固定资产的折旧。待办理了竣工决算手续后再做调整。

（二）会计处理

为了对企业自行建造固定资产进行全面准确的核算，设置"工程物资""在建工程""在建工程减值准备"账户。

1.工程物资

企业为在建工程准备的各种物资，应当按照实际支付的买价、增值税额、运输费、保险费等相关费用，作为实际成本，并按照各种专项物资的种类进行明细核算。企业的工程物资，包括为工程准备的材料、尚未交付安装的需要安装设备的实际成本，以及预付大型设备款和基本建设期间根据项目概算购入为生产准备的工具及器具等的实际成本。企业购入不需要安装的设备，应当在"固定资产"科目核算，不在本科目核算。

本科目应当设置以下明细科目：（1）专用材料；（2）专用设备；（3）预付大型设备款；（4）

为生产准备的工具及器具。

企业购入为工程准备的物资，应当按实际成本和专用发票上注明的增值税额，借记本科目（专用材料、专用设备），贷记"银行存款""应付账款""应付票据"等。企业为购置大型设备而预付款时，借记本科目（预付大型设备款）），贷记"银行存款"；收到设备并补付设备价款时，按照设备的实际成本，借记本科目（专用设备），按照预付的价款，贷记本科目（预付大型设备款），按照补付的价款，贷记"银行存款"等。工程领用工程物资，借记"在建工程"，贷记本科目（专用材料等）；工程完工后对领出的剩余工程物资应当办理退库手续，并做相反的账务处理。工程完工，将为生产准备的工具及器具交付生产使用时，应按实际成本，借记"低值易耗品"，贷记本科目（为生产准备的工具及器具）。工程完工后剩余的工程物资，如转作本企业存货的，按原材料的实际成本或计划成本，借记"原材料"，按照可抵扣的增值税进项税额，借记"应交税金——应交增值税（进项税额）"，按转入存货的剩余工程物资的账面余额，贷记本科目；工程完工后剩余的工程物资对外出售的，应当先结转工程物资的进项税额，借记"应交税金——应交增值税（进项税额）"，贷记本科目，出售时，应确认收入并结转相应的成本。

2. 在建工程

本科目核算企业进行基建工程、安装工程、技术改造工程、大修理工程等发生的实际支出，包括需要安装设备的价值。企业根据项目概算购入不需要安装的固定资产、为生产准备的工具器具、购入的无形资产及发生的不属于工程支出的其他费用等，不在本科目核算。本科目的期末借方余额，反映企业尚未完工的基建工程发生的各项实际支出。

本科目应当设置下列明细科目：（1）建筑工程；（2）安装工程；（3）在安装设备；（4）技术改造工程；（5）大修理工程；（6）其他支出。

企业自营的基建工程，领用工程用材料物资时，应按实际成本，借记本科目（建筑工程、安装工程等——××工程），贷记"工程物资"；基建工程领用本企业原材料的，应按原材料的实际成本加上不能抵扣的增值税进项税额，借记本科目（建筑工程、安装工程等——××工程），按原材料的实际成本或计划成本，贷记"原材料"，按不能抵扣的增值税进项税额，贷记"应交税金——应交增值税（进项税额转出）"。采用计划成本进行材料日常核算的企业，还应当分摊材料成本差异。基建工程领用本企业的商品产品时，按商品产品的实际成本（或进价）或计划成本（或售价）加上应缴的相关税费，借记本科目（建筑工程、安装工程——××工程），按应交的相关税费，贷记"应交税金——应交增值税（销项税额）"等，按库存商品的实际成本（或进价）或计划成本（或售价），贷记"库存商品"。库存商品采用计划成本或售价的企业，还应当分摊成本差异或商品进销差价。基建工程应负担的职工工资，借记本科目（建筑工程、安装工程——××工程），贷记"应付工资"。企业的辅助生产部门为工程提供的水、电、设备安装、修理、运输等劳务，应按月根据实际成本，借记本科目（建筑工程、安装工程等——××工程），贷记"生产成本——辅助生产成本"等。

基建工程发生的工程管理费、征地费、可行性研究费、临时设施费、公证费、监理费等，借记本科目（其他支出），贷记"银行存款"等。基建工程应负担的税金、借记本科目（其他支出），贷记"银行存款"等。

自然灾害等原因造成的单项工程或单位工程报废或毁损，减去残料价值和过失人或保险公司等赔款后的净损失，报经批准后计入继续施工的工程成本，借记本科目（其他支出）科目，贷记本科目（建筑工程、安装工程等——××工程）；如为非正常原因造成的报废或毁损，或在建工程项目全部报废或毁损，应将其净损失直接计入当期营业外支出。工程物资在建设期间发生的盘亏、报废及毁损，其处置损失，报经批准后，借记本科目，贷记"工程物资"；盘盈的工程物资或处置收益，做相反的账务处理。

基建工程达到预定可使用状态前进行负荷联合试车发生的费用，借记本科目（其他支出），贷记"银行存款""库存商品"等；获得的试车收入或按预计售价将能对外销售的产品转为库存商品的，做相反账务处理。

基建工程完工后应该进行清理，已领出的剩余材料应当办理退库手续，借记"工程物资"，贷记本科目。

基建工程完工交付使用时，企业应该计算各项交付使用固定资产的成本，编制交付使用固定资产明细表。

企业应当设置"在建工程其他支出备查簿"，专门登记基建项目发生的构成项目概算内容但不通过"在建工程"科目核算的其他支出，包括按照建设项目概算内容购置的不需要安装设备、现成房屋、无形资产以及发生的递延费用等。企业在发生上述支出时，应当通过"固定资产""无形资产"和"长期待摊费用"科目核算。但也同时应在"在建工程——其他支出备查簿"中进行登记。

3. 在建工程减值准备

为核算企业的在建工程减值准备，设置"在建工程减值准备"科目。企业发生在建工程减值时，借记"营业外支出——计提的在建工程减值准备"，贷记本科目；如已计提减值准备的在建工程价值又得以恢复，应在原有提减值准备的范围内转回，借记本科目，贷记"营业外支出——计提的在建工程减值准备"。本科目期末贷方余额，反映企业已提取的在建工程减值准备。

二、出包工程

企业采用出包方式进行的自制、自建固定资产工程，"在建工程"账户实际上成为企业与承包单位的结算账户，企业将与承包单位结算的工程价款作为工程成本，通过"在建工程"账户进行核算。

企业发包的基建工程，应于按合同规定向承包企业预付工程款、备料款时，按照实际支付的价款，借记"在建工程"科目（建筑工程、安装工程等——××工程），贷记"银行存款"科目；以拨付给承包企业的材料抵作预付备料款的，应当按工程物资的实际成本，借记"在建工程"科目（建筑工程、安装工程等——×工程），贷记"工程物资"科目；将需要安装设备交付承包企业进行安装时，应当按设备的成本，借记"在建工程"科目（在安装设备），贷记"工程物资"科目；与承包企业办理工程价款结算时，补付的工程款，借记"在建工程"科目（建筑工程、安装工程等——××工程），贷记"银行存款"等科目。

第四节　固定资产的折旧

固定资产折旧，是指固定资产在使用过程中，逐渐损耗而消失的那部分价值。固定资产损耗的这部分价值，应当在固定资产的有效使用年限内进行分摊，形成折旧费用，计入各期成本。

一、折旧的性质及计提范围

1. 折旧的性质

固定资产在长期使用过程中，实物形态保持不变，但因使用、磨损及陈旧等原因会发生各种有形和无形的损耗。有形损耗对使用中的固定资产而言，产生于物质磨损；不使用的固定资产也可能发生损耗，比如自然气候条件的侵蚀及意外毁损造成的损耗。无形损耗是技术进步、市场变化、企业规模改变等原因引起的。有的资产因陈旧、不适应大规模生产发展的需要，而导致在其耐用年限届满前颓废。

固定资产的服务能力随着时间的推移逐步消逝，其价值也随之发生损耗，企业应采用系统合理的方法，将其损耗分摊到各经营期，记作每期的费用，并与当期营业收入相配比。固定资产的成本随着逐期分摊，转移到它所生产的产品或提供的劳务中去，这个过程即计提折旧，每期分摊的成本称为折旧费用。

企业应当根据固定资产的性质和消耗方式，合理地确定固定资产的预计使用年限和预计净残值，并根据科技发展、环境及其他因素，选择合理的固定资产折旧方法，按照管理权限，经股东大会或董事会，或经理（厂长）会议或类似机构批准，作为计提折旧的依据。依照法律、行政法规的规定报送有关各方备案，并备置于企业所在地，以供投资者等有关各方查阅。企业已经确定并报送，或备置于企业所在地的有关固定资产预计使用年限和预计净残值、折旧方法等，一经确定不得随意变更；如需变更，仍应当按照上述程序，经批准后报送有关各方备案，并在会计报表附注中予以说明。

《国际会计准则第16号——不动产、厂房和设备》规定：固定资产项目的应折旧金额应当在其使用寿命内系统地摊销，所使用的折旧方法应能反映企业消耗该资产所含经济利益的方式。每期的折旧额应确认为费用，除非将其计入另一项资产的账面金额。

我国《企业会计准则——固定资产》规定：折旧是指在固定资产的使用寿命内，按照确定的方法对应计折旧额进行的系统分摊。其中，应计折旧额，是指应当计提折旧的固定资产的原价扣除其预计净残值后的余额；如果已对固定资产计提减值准备，也应当扣除已计提的固定资产减值准备累计金额。使用寿命，是指固定资产预期使用的期限。有些固定资产的使用寿命也可以用该资产所能生产的产品或提供的服务的数量来表示。

2. 折旧的范围

固定资产因使用会发生实物磨损，所以使用中的固定资产（如机器设备）均需计提折旧；考虑到无形损耗的原因，对一些未使用、不需用的固定资产，仍应计提折旧，房屋和建筑物不管是否使用均计提折旧；以融资租赁方式租入的固定资产，应当比照自有固定资产进行会计处理，故亦要计提折旧。

具体来讲，企业的以下固定资产应当计提折旧：

（1）房屋和建筑物；

（2）在用的机器设备、仪器仪表、运输工具、工具器具；

（3）季节性停用、大修理停用的固定资产；

（4）融资租入和以经营租赁方式租出的固定资产。

以下固定资产不计提折旧：

（1）房屋、建筑物以外的未使用、不需用固定资产；

（2）以经营租赁方式租入的固定资产；

（3）已提足折旧继续使用的固定资产；

（4）按规定单独估价作为固定资产入账的土地。

已达到预定可使用状态的固定资产，如果尚未办理竣工决算的，应按估计价值暂估入账，并计提折旧；待办理了竣工决算手续后，再按照实际成本调整原来的暂估价值，同时调整原已计提的折旧额。

已提足折旧的固定资产，如仍可继续使用，不再计提折旧；提前报废的固定资产，未提足的折旧不再补提折旧。所谓提足折旧，是指已经提足该项固定资产应提的折旧总额。应提的折旧总额为固定资产原价减去预计残值加上预计清理费用。

我国《企业会计准则——固定资产》规定：除下列两种情况外，企业应对所有固定资产计提折旧：（1）已提足折旧仍继续使用的固定资产；（2）按照规定单独估价作为固定资产入账的土地。

二、影响折旧的因素

固定资产折旧的计算，涉及固定资产原值、预计净残值、估计使用年限和折旧方法四个因素。

1. 固定资产原值

是固定资产取得时的实际成本。

2. 预计净残值

是指固定资产在报废时，预计残料变价收入扣除清算时清算费用后的净值，也称预计净残值。实物中常用固定资产原值的一定百分比估算，在计算折旧时，把固定资产原值减去估计残值后的余额称为折旧基数或折旧总额。

3. 估计使用年限

在估算时应同时考虑有形损耗和无形损耗，即实物的使用寿命和与经济效用等有关的技术寿命。在科学技术飞速发展的今天，技术密集型企业应更多地考虑无形损耗，合理估计使用年限。

《国际会计准则第16号——不动产、厂房和设备》规定：固定资产项目的使用寿命应定期地进行复核，如果预期数与原先的估计数相差很大，则应对本期和将来各期的折旧金额进行调整。

我国《企业会计准则——固定资产》规定：企业在确定固定资产的使用寿命时，主要应当考虑以下因素：（1）该资产的预计生产能力或实物产量；（2）该资产的有形损耗，如设备使用中发生磨损、房屋建筑物受到自然侵蚀等；（3）该资产的无形损耗，如新技术出现使现有的资产技术水平相对陈旧、市场需求变化使产品过时等；（4）有关资产使用的法律或者类似的限制。

我国《企业会计准则——固定资产》规定：企业应当根据固定资产的性质和使用情况，合理确定固定资产的使用寿命和预计净残值。除下述定期复核引起使用寿命改变外，固定资产的使用寿命、预计净残值一经选定，不能随意调整。企业应当定期对固定资产的使用寿命进行复核。如果固定资产使用寿命的预期数与原先的估计数有重大差异，则应当相应调整固定资产折旧年限。

4. 折旧方法

不同经营规模，不同性质的企业可根据各自的特点选择相应的折旧方法，比较合理地分摊固定资产的应计折旧总额，反映本单位固定资产的实际使用现状。企业一旦选定了某种折旧方法，应当在相当一段时间内保持不变，除非折旧方法的改变能够提供更可靠的会计信息。在特定会计期间，折旧方法的变更应在报表附注中加以说明。

《国际会计准则第16号——不动产、厂房和设备》规定：应用于固定资产的折旧方法，应该定期地加以复核。如果资产经济利益的预期实现方式有重大改变，折旧方法也应相应地改变以反映这种方式的改变。如果这种折旧方法的改变是必要的，这种改变应作为会计估计变更进行会计处理，本期和未来期间的折旧金额应加以调整。

我国《企业会计准则——固定资产》规定：企业应当根据固定资产所含经济利益预期实现方式选择折旧方法，可选用的折旧方法包括年限平均法、工作量法、双倍余额递减法或者年数总和法。除下述定期复核引起折旧方法改变外，折旧方法一经选定，不得随意调整。企业应当定期对固定资产的折旧方法进行复核。如果固定资产包含的经济利益的预期实现方式有重大改变，则应当相应改变固定资产折旧方法。

计算折旧的四个因素中，除原始成本比较容易确定外，残值和使用年限为估计数，又受到折旧方法选择的影响，其计算结果难免不够精确。

三、折旧方法

固定资产的折旧方法有很多种，比如直线法、加速折旧法等，我国会计制度规定，企业可以采用直线法计提折旧，在经有关部门批准的前提下，也可以采用加速折旧法。

（一）直线法

直线法，具体为年限平均法和工作量法两种。

1. 年限平均法

这是各种折旧方法中最简单的一种。固定资产折旧总额在使用年限内平均分摊，每期的折旧额相等。

计算公式表示如下：

年折旧额 =（固定资产原值 − 预计净残值）÷ 估计使用年限

年折旧率 =（1− 预计净残值率）÷ 估计使用年限

其中，预计净残值率 = 预计净残值 ÷ 固定资产原值

月折旧率 = 年折旧率 ÷12

月折旧额 = 固定资产原值 × 月折旧率

我国固定资产折旧一般采用年限平均法，这种方法最大的优点是计算简便。但是，它只考虑固定资产的估计使用时间，忽略了实际使用的现状。固定资产使用早期，其工作效率相对较高，发生的维修保养费少；后期固定资产工作效率相对较低，发生的维修保养费逐步增加。在整个使用期内，各期费用总额分布均匀，呈递增趋势，而固定资产工作效率呈递减趋势。在其他因素不变的情况下，利润逐年递减。采用年限平均法，不能反映资产的实际使用情况，从而影响到决策者对财务信息的分析判断。

2. 工作量法

这是将固定资产的总折旧额按其估计工作总量（如总生产量、总工作小时等）平均分摊，以求得单位工作量应负担折旧额。

采用年限平均法尽管在实际操作中比较简单，但是由于无形损耗的存在，固定资产可能在估计使用年限届满前甚至早期即遭淘汰，导致大部分成本无法通过折旧收回，企业将面临一定的损失。

（二）加速折旧法

加速折旧法是在固定资产使用早期多提折旧，在使用后期少提折旧的一种方法。这种处理的理论依据是，固定资产在使用早期，提供的服务多，为企业创造的效益高；后期随

着实物磨损程度加剧，提供的服务量减少，而修理费用增加。如果在资产使用过程中折旧的计提逐年递减，可使固定资产在各年承担的总费用接近，利润平稳。这也弥补了年限平均法的局限。在加速折旧法下，因为早期计提了较多的折旧，即使固定资产提前报废，其成本于前期基本已收回，也不会造成过多损失。加速折旧法主要有双倍余额递减法和年数总和法两种。下面分述之。

1. 双倍余额递减法

这一方法下，固定资产的折旧率为年限平均法折旧率的 2 倍，账面价值同样随着每期计提的折旧而减少。每期应计提的折旧计算为：

年折旧额 = 递减的账面价值 × 年折旧率 = 递减的账面价值 × 2 ÷ 折旧年限。其中，第一年的账面价值为固定资产的原始成本（不减估计残值）。值得注意的是，在固定资产使用的后期，假如期末账面价值扣除预计净残值后的余额，采用直线法在剩余年限内计提的折旧额，比继续使用双倍余额递减法计提的折旧额大，从该会计期开始必须改用直线法。

2. 年数总和法

也称年限积数法，是将固定资产应计提的折旧总额按递减的折旧率计算每期的折旧额。用公式可表示为：

年折旧额 =（固定资产原值 – 估计残值）× 递减的折旧率

折旧率为分数，分母是根据固定资产估计使用年限计算的积数，分子是固定资产尚可使用的年数，即从使用年限起依次递减的自然数。用公式表示为：

年折旧率 = 尚可使用年数 ÷ 预计使用年限的年数总和

=（预计使用年限 – 已使用年限）÷ [预计使用年限 ×（预计使用年限 +1）÷ 2]

企业一般是按月提取折旧。当月增加的固定资产，当月不提折旧，从下月起计提折旧；当月减少的固定资产，当月照提折旧，从下月起不提折旧。实际中常用的计算公式是：

固定资产月折旧额 = 上月计提的固定资产折旧额 + 上月增加固定资产应计提折旧额 – 上月减少固定资产应计提折旧额

为核算企业固定资产的累计折旧，设置"累计折旧"账户。本科目期末贷方余额，反映企业提取的固定资产折旧累计数。企业按月计提的固定资产折旧，借记"制造费用""营业费用""管理费用""其他业务支出"等科目，贷记"累计折旧"科目。

借：制造费用（生产用固定资产计提的折旧）

营业费用（销售等用固定资产计提的折旧）

管理费用（管理部门用固定资产计提的折旧）

其他业务支出（出租等用固定资产计提的折旧）

外商投资企业采购的国产设备退还的增值税款，在设备达到预定可使用状态前收到的，冲减设备的成本，借记"银行存款"科目，贷记"在建工程"等科目；如果采购的国产设备已到预定可使用状态，应当调整设备的账面原价和已提的折旧，借记"银行存款"科目，贷记"固定资产"科目；同期，冲减多提的折旧，借记"累计折旧"科目，贷记"制造费用""管理费用"等科目。假如采购的国产设备已达到预定可使用状态，但税务机关跨年度退还增值税，则应当相应调整设备的账面原价和已提的折旧，借记"银行存款"科目，贷记"固定资产"科目；同时，冲减多提的折旧，借记"累计折旧"科目，贷记"以前年度损益调整"科目。

第五节 固定资产使用中的支出

固定资产在使用过程中会发生各种支出，比如为了恢复、改进固定资产的性能发生的维修费、保养费支出，固定资产因改建、扩建、增建等原因增加的支出，为了发挥固定资产潜力增加的支出等。这些开支发生时，关键要区分支出的性质，即资本性支出还是收益性支出，从而做出不同的账务处理。

一、影响固定资产数量方面的支出

固定资产因数量增加发生的支出，主要是用于增加企业固定资产实体及在原有基础上的扩建，比如房屋加层、增设电子监控设备等。对新增的资产，因其受益期一般与估计使用年限相近，至少在一年以上，所以要把有关支出资本化。购建新固定资产时，把全部支出列为固定资产的成本。扩建时，把所付出的代价全部计入原资产的成本，在扩建过程中如涉及拆除一部分旧设施，在会计处理上通常不减去拆除旧资产的成本，扩建成本先在"在建工程"账户中归集，完工后一次转入原"固定资产"账户。

二、影响固定资产质量方面的支出

1. 换新

固定资产换新指调换原资产上陈旧或受损的项目，以恢复其应有的性能和生产能力，包括整个资产项目的换新和非经常性的大部件换新。换新后的资产并不提高质量或功能。由于换新项目大小不等，发生的费用在处理上也应有所区别。大型项目，非经常性大部件的更换，作为资本性支出处理，中、小项目的换新，可视同经常性修理，作为收益性支出处理。

2. 维修保养

为了使固定资产保持良好的使用状态，应当进行日常的维护保养，如更换螺丝、弹簧，定期添加润滑剂等。这种支出费用较低，发生比较频繁，一般视为收益性支出，记为当期费用。

固定资产随着不断使用，实物磨损加剧，往往会发生局部的损坏，影响其使用效率。为恢复原有的性能，务必对固定资产定期或不定期地加以修理，使之处于正常运转状态。

固定资产的修理，按范围的大小和间隔时间长短可分为大修理和中小修理两种。

大修理，是对固定资产进行局部更新，通常修理的范围大，间隔时间长，修理次数少，一次修理所花的费用较大。因为大修理费用发生不均匀，企业可采用预提或待摊的方法均衡成本。

中小修理，又称经常性修理，是为了维护和保持固定资产正常工作状态进行的修理工作，比如更换零部件、排除故障等。其特点是修理范围小，间隔时间短，修理次数多，每次的修理费用少。一般将经常性修理作为收益性支出处理，在支出发生时计入当期费用。即按实际发生数额借记有关成本费用账户，贷记"银行存款"等科目。为了平衡各会计期的费用，或者当中小修理费用较大时，也可采用摊销的方法。

需要注意的是，在实际操作上，中小修理、维护保养、换新等很难严格区分，企业应根据规模大小、资产的重要程度等实际情况区别对待。

3. 改良和改善

改良和改善支出主要用于改进固定资产的质量和功能。改良支出较大，能使固定资产的质量或功能有显著的提高，如安装中央空调以取代原有的取暖设施。固定资产改良工程上的所有支出均应作为资本性支出处理，记入资产的成本。在工程进程中，如有被替换的旧资产，则旧资产的成本应从原资产账户中转出。

固定资产改善一般支出较小，质量改进不显著，如一般照明设备的改进。凡属于这种支出的应视为收益性支出，记入本期损益。

我国《企业会计准则——固定资产》规定：与固定资产有关的后续支出，如果使可能流入企业的经济利益超过了原先的估计，如延长了固定资产的使用寿命，或者使产品质量实质性提高，或者使产品成本实质性降低，则应当计入固定资产账面价值，其增计金额不应超过该固定资产的可收回金额；否则，应当确认为费用。

第四章 财务会计负债及所有者权益管理分析

第一节 流动负债

一、负债的性质

负债是指过去的交易、事项形成的现实义务，履行该义务预期会导致经济利益流出企业。负债的这个含义包含下列三层含义：

1. 负债是一项经济责任，或者说是一项义务，它需要企业进行偿还。比如，应付账款、应付票据及应付债券等，是典型意义上的负债；销售商应履行的在出售商品时订立的保证契约的责任，服务行业按照合同预收服务费后在规定的未来期限内提供服务的责任等。

2. 清偿负债会导致企业未来经济利益的流出。负债最终都需要清偿，清偿的方式有很多种，大多数负债在将来须以现金支付清偿。也有一些负债则要求企业提供一定的商品或劳务来进行抵偿，比如预收收入、售出商品的保证债务等。另外，有些负债项目到期时，还可能用新的负债项目来替代。例如，用短期应付票据替代应付账款，用新债券赎回旧债券等。无论用何种方式清偿。都会导致企业未来经济利益的流出。

3. 负债是企业过去的交易、事项的一种后果，也就是说负债所代表的当前经济责任必须是企业过去发生的经济业务所引起的。不具有这一特征的预约协议等都不能作为负债。例如，购货预约，它只是买卖双方就将来要进行的商品交易达成的协议，交易业务目前尚未实际发生，故并不构成当前债务责任。

二、流动负债的性质及计价

我国《企业会计准则》对流动负债的定义为"流动负债是指将在1年（含1年）或超过1年的1个营业周期内偿还的债务，包括短期借款、应付票据、应付账款、预收账款、应付工资、应付福利费、应付股利、应交税金、其他暂收应付款项、预提费用和1年内到期的长期负债等"。

流动负债的基本特征就是偿还期较短。它是企业筹集短期资金的主要来源。将流动负债与流动资产相比较，是判断和评估公司短期偿债能力的重要方法之一。所以，凡属1年或超过 1 年的 1 个营业周期内必须清偿的债务，在资产负债表上都必须列为流动负债，不论它最初是流动负债还是长期负债。

流动负债代表着企业未来的现金流出，从理论上说，应当按照未来应付金额的贴现来计价。但是，流动负债涉及的期限一般较短，到期值与其贴现值相差无几。为了简便起见，会计实务中一般都是按实际发生额入账。短期借款、带息的应付票据、短期应付债券应当按照借款本金和债券面值，按照确定的利率按期计算利息，计入当期的财务费用之中，体现为当期损益。

三、流动负债的分类

流动负债可以按照不同的分类标准进行不同的划分。为了进一步认识流动负债的性质和特征，对流动负债按下列三种方式进行分类。

（一）按偿付手段划分

流动负债可以分为用货币资金偿还的流动负债和用商品或劳务偿付的流动负债两类。

1.用货币资金偿还的流动负债

此类流动负债的特点是债务到期时，企业须动用现金、银行存款或其他货币资金来偿还，比如应付账款、应付票据、短期借款、应付工资、应交税金等。绝大部分的流动负债都属于此类。

2.用商品或劳务偿付的流动负债

此类流动负债的特点是债务到期时，企业须动用商品来偿还，或者用劳务来抵付。主要是指预收的一些货物或劳务款项、售出产品的质量担保债务等，如预收款项、预计负债。

（二）按应付金额可确定的程度划分

流动负债可划分为可确定性流动负债和不可确定性流动负债即或有负债。

1.可确定性流动负债

负债是企业承担的现实义务，需要企业将来进行偿还。未来的事项都带有一定的不确定性，但不确定性的程度不同。可确定性流动负债是指不确定性很小，可以较为可靠地计量。其特点是债务的偿还到期日、应付金额等都是由契约或法律规定的。如应付账款、应付票据、长期债务中的流动部分、应付工资、应付福利费、存入保证金（押金）、预收收入及其他应付（暂收）款等。

2.或有负债

或有负债即不可确定性流动负债，是指过去的交易和事项形成的潜在义务，其存在须通过未来不确定事项的发生或不发生予以证实，或过去的交易或事项形成的现实义务，履行该义务不是很可能导致经济利益流出企业或该义务的金额不能可靠地计量。其特点是这种负债虽确已存在，但没有确切的应付金额，有时甚至也无确切的偿还日期和收款人。因此，这类负债的应付金额就必须根据一定的办法（如以往经验、调研资料等）予以估计。

比如产品质量担保债务等。

（三）按流动负债产生的环节划分

流动负债按其产生的环节划分，可分为下列三类。

1. 产生于生产经营环节的流动负债

生产经营环节引起的流动负债，具体包括两个方面：一是外部业务结算过程中形成的流动负债，如应付账款、应付票据、预收账款、应交税金（流转税）；二是企业内部结算形成的流动负债，如应付工资、应付福利费、预提费用等。

2. 产生于收益分配环节的流动负债

这是指企业根据所实现的利润进行分配所形成的各种应付款项，比如应交税金（所得税）、应付利润（股利）等。

3. 产生于融资环节的流动负债

这是指企业从银行及非银行金融机构筹措资金所形成的流动负债，如短期借款、一年内到期的长期负债等。

第二节　流动负债核算

一、企业筹措资金过程中发生的流动负债

1. 短期借款

企业在生产经营中，经常会发生暂时性的资金短缺，为了生产经营的正常进行，需要向银行或其他金融机构取得一定数量的短期资金，由此形成了企业的短期借款。短期借款是指企业向银行或其他金融机构等借入的期限在一年以下（含一年）的各种借款。企业在借入短期借款时，应当按实际借入金额，借记"银行存款"，贷记"短期借款"；归还借款时，借记"短期借款"，贷记"银行存款"。

企业使用银行或其他金融机构的资金，要支付一定的利息。企业取得短期借款是一项融通资金的行为，短期借款的利息应当作为融通资金的费用计入当期损益。有关短期借款利息的会计核算，主要按支付利息的方式不同而进行不同的会计处理。通常利息的支付有两种方式：一是到期连同本金一同支付，在这种情况下，根据会计的重要性原则，如果利息金额较大，需要按期计提利息，借记"财务费用"，贷记"预提费用"；如果金额不大，可以不分期预提，到期随同本金支付时，一次性计入财务费用。二是按期支付，在实际支付或收到银行的计息通知单时，直接计入当期损益，借记"财务费用"，贷记"银行存款"或"现金"。

2. 一年内到期的长期负债

企业为了扩大生产经营规模，进行固定资产投资，要举借大量长期负债。长期负债自资产负债表日起还有一年或超过一年的一个营业周期内的到期部分，虽然仍在长期负债账上，但是应视为流动负债核算，这部分长期负债在资产负债表上应当转列为流动负债。

必须注意，在下列两种情况下，一年内到期的长期负债不应视为流动负债：

（1）它们的清偿不需动用流动资产或不会产生流动负债。其原因在于，这部分负债在未来一年内无须以流动资产来支付。因而，假如即将到期的长期负债并不需要用流动资产来偿还，而是用专门积累起来的"偿债基金"偿还，则不能作为流动负债。

（2）它们的清偿需要用新发行长期债券或新发行股票来调换，那么也无须转列为流动负债。

二、企业购销业务过程中发生的流动负债

（一）应付票据

应付票据，亦称短期应付票据，它是指债务人出具的承诺在一年或一个营业周期内的特定日期支付一定金额的款项给持票人的书面文件。在我国现行的会计制度中核算的应付票据，仅指承兑的商业汇票。

商业汇票是购货企业在正常经营活动中向销货企业出具的承诺在将来特定时日支付一定金额的期票（远期票据）。商业票据按照承兑人的不同，可分为银行承兑汇票和商业承兑汇票。由债务人的开户银行承兑的商业票据称为银行承兑汇票，由债务人直接承兑的商业票据称为商业承兑汇票。商业汇票的期限最长不得超过六个月期。

应付票据按票面是否注明利率可分为带息票据和不带息票据两种：带息票据载明了票面利率，到期按票面金额（本金）与票面利率计算利息，与本金一并支付；不带息票据没有利息问题，票据到期时，债务人按票面金额支付即可。我国企业多采用不带息票据。

企业应设置"应付票据"科目，进行应付票据的核算。由于票据期限较短，应付票据不论是否带息，一般均按面值入账。企业开出商业承兑汇票或以商业承兑汇票抵付货款、应付账款时，借记"物资采购""库存商品""应付账款""应交税金——应交增值税（进项税额）"等，贷记"应付票据"。支付银行承兑汇票的手续费时，借记"财务费用"，贷记"银行存款"。收到银行支付到期票据的付款通知时，借记"应付票据"，贷记"银行存款"。企业开出的应付票据如为带息票据，应于月份终了计算本月应付利息，借记"财务费用"，贷记本科目。票据到期支付本息时，按应付票据账面余额，借记"应付票据"，按未计的利息，借记"财务费用"，贷记"银行存款"。如果票据期限不长，利息不大，也可以于票据到期时，把利息一次性计入财务费用，不逐月计提。票据到期如果企业无能力偿付的，转作应付账款，借记"应付票据"，贷记"应付账款"。企业往来客户众多，为了加强应付票据管理，企业还应设置"应付票据备查簿"，详细登记每一应付票据的种类、号数、

签发日期、到期日、票面金额、合同交易号、收款人姓名或单位名称，以及付款日期和金额等详细资料。应付票据到期付清时，应当在备查簿内逐笔注销。应付票据备查簿的格式，各企业可根据需要自行设计。

（二）应付账款

1. 应付账款的含义及其确认

应付账款是指企业因购买材料、商品、其他资产或者接受外界提供的劳务而发生的债务，由于交易已成立而推迟付款时间所形成。

从理论上说，凡是购进商品的所有权转移到企业时，或企业实际使用外界提供的劳务时确认应付账款，但是由于应付账款的期限一般不长，而且收到购货发票的时间同收到货物的时间往往很接近，在实际工作中，假如货物在发票之后到达，一般是等货物验收入库后才按发票价格入账，这样处理能避免在验收入库时发现货物的数量和质量与发票不符而带来的调账的麻烦，从而简化核算。但是应该注意的是，如果到期末，收到发票但仍未收到货物，为了配比原则，应根据发票价格，借记"物资采购"，贷记"应付账款"。反过来，如果到期末，收到货物而没有收到发票时，也应对该货物进行暂估入账，借记"原材料"等，贷记"应付账款"。

2. 应付账款的计价

应付账款的入账金额按发票价格计量，但是在购货时存在现金折扣的，目前在理论上存在两种计量方法，即总价法和净价法。

按总价法核算，应付账款是按扣除现金折扣之前的发票价格入账，如在折扣期内付款而享受的现金折扣，视为一种理财收益。按净价法核算，应付账款是按扣除现金折扣之后的发票价格入账，如果在超过折扣期付款而丧失现金折扣，视为一种理财损失处理。在我国目前不允许企业采用净价法处理应付账款。

3. 应付账款的会计核算

企业购入材料、商品等验收入库，但货款尚未支付时，应根据有关凭证，如发票账单、随货同行发票等，按凭证上记载的实际价款，或在未取得有关凭证时，按照暂估价登记入账。借记"物资采购""原材料""库存材料""库存商品""应交税金——应交增值税（进项税额）"等，贷记"应付账款"。

企业接受供应单位提供的劳务而发生的应付未付款项，应当根据供应单位的发票账单，借记"生产成本""管理费用"等，贷记"应付账款"。实际支付时，借记"应付账款"，贷记"银行存款"等。如果企业开出承兑商业汇票抵付应付账款，借记"应付账款"，贷记"应付票据"。

在购销业务过程中，购货单位可能在购货业务发生之前先期预付一定货款。在这种情况下，为了集中反映购货业务所形成的结算关系，企业按规定预付供货单位货款时，借记"应付账款"，贷记"银行存款"等。待购货业务实际发生，材料、商品验收入库时，再根据有关发票账单的应付金额，借记"原材料""库存商品""应交税金——应交增值税（进项税额）"等，贷记"应付账款"。补付货款时，借记"应付账款"，贷记"银行存款"等。应付账款一般应在较短时间期限内支付，但是有时由于债权单位撤销或者其他原因而无法支付的应付账款应作为企业的一项额外收入，将其列入营业外收入处理。

（三）预收账款

预收账款是指企业按照合同规定向购货单位或个人预先收取的款项。企业在销售商品或提供劳务前预先向对方收取款项，通常在预收款项后的一年或者超过一年的一个营业周期内交付商品或提供劳务。在企业的生产经营中，发生预收款项是很常见的事情。比如企业按照规定向购货单位预收购货款、向建设单位预收工程款、预收委托单位的开发建设资金、向个人预收的购房定金以及向发包单位预收的备料款和工程款等都属于企业的预收账款。企业为了核算预收的款项的结算情况，应当设置"预收账款"账户来进行预收款项的核算。当企业收取预收款项时，借记"银行存款"科目，贷记"预收账款"科目。商品完工交给购货单位或与建设单位结算工程价款时，借记"预收账款"科目，贷记"主营业务收入""工程结算收入"等科目。在一般情况下，企业先预收将来实际销售商品或提供劳务的价款的一部分，等企业实际发出商品或完成劳务时，再收回另一部分销售商品款或劳务款项。在进行会计处理时，为了反应业务的完整性和方便会计记账凭证的编制，企业发出商品或完成劳务时，按商品或劳务的全部价款，借记"预收账款"科目，贷记"主营业务收入"科目；再按照全部款项与预收的款项的差额，借记"银行存款"科目，贷记"预收账款"科目。

三、企业在生产过程中形成的流动负债

1.应付工资

应付工资是指企业应付给职工的工资总额，包含各种工资、奖金、津贴等，它是企业在一定时期内支付给全体职工的劳动报酬总额。无论是否在当月支付，都应通过本科目核算。不包括在工资总额内的发给职工的款项，如医药费、福利补助、退休费等，不在本科目核算。工资的结算是由财务部门根据人事部门、劳动工资部门转来的职工录用、考勤、调动、工资级别调整等情况的通知单，以及有关部门转来的带扣款项通知单编制工资单（亦称工资结算单、工资表、工资计算表等），计算各种工资。工资单的格式由企业根据实际情况自行规定。财会部门将"工资单"进行汇总，编制"工资汇总表"，按照规定手续向银行提取现金，准备支付工资。企业实际支付工资时，借记"应付工资"，贷记"现金"。从应付工资中扣还的各种款项（代垫的房租等），借记"应付工资"，贷记"其他应收款"。职工在规定期限内未领取的工资，应由发放工资的单位及时交回财会部门，借记"现金"，贷记"其他应付款"。月份终了，应将本月应发的工资进行分配。

（1）生产、施工、管理部门的人员（包括炊事人员）工资，借记"生产成本""管理费用"，

贷记"应付工资";

（2）采购、销售费用开支的人员工资，借记"营业费用"，贷记"应付工资";

（3）应由在建工程负担的人员工资，借记"在建工程"，贷记"应付工资";

（4）应由工会经费开支的人员工资，借记"其他应付款"，贷记"应付工资";

（5）应由职工福利费开支的人员工资，借记"应付福利费"，贷记"应付工资"。

2. 应付福利费

在我国，为了保障职工身体健康，改善和提高职工福利待遇，规定企业务必为职工的福利准备资金。职工福利方面的资金来源有两个渠道：一是从费用中提取、二是从税后利润中提取。从费用中提取的福利费计入"应付福利费"核算，主要用于职工的个人福利（目前我国不允许外商投资企业在税前计提福利费，外商投资企业职工的个人福利支出从税后计提的职工奖励及福利基金中列支）。从税后提取的福利费计入"盈余公积——公益金"，主要用于职工的集体福利设施的建设。当前，应付福利费是按照企业应付工资总额的14%提取，其应付工资总额的构成与统计上的口径一致，不做任何扣除。应付福利费主要用于职工的医药费，医护人员的工资，医务经费，职工因工负伤赴外地就医路费，职工生活困难补助，职工浴室、理发室、幼儿园、托儿所人员等的工资，以及按国家规定开支的其他职工福利支出。提取职工福利费时，借记"有关费用成本"科目，贷记"应付福利费"科目。支付职工医药费、职工困难补助和其他福利费以及应付的医务、福利人员工资等，借记"应付福利费"科目，贷记"银行存款""应付工资"等科目。期末应付福利费的结余，在"资产负债表"的流动负债项目应付福利费中单独列示。

3. 预提费用

按照权责发生制原则，企业在日常生产经营中经常要对有些费用进行预提，原因是有些费用的发生期间并不一定实际支付，在发生与支付的时间上可能会存在差异。比如企业固定资产大修理费，在平时固定资产并不需要进行大修理，但实际进行大修理时支出往往比较大，因此大修理费并不是由大修理当期一次性造成的，在大修理期以前各期虽然没有大修理支出，但也要确认固定资产大修理费。按期预提计入费用的金额，同时也形成一笔负债，在会计核算中设"预提费用"科目。将有关的预提费用预提入账时，借记"有关费用"科目，贷记"预提费用"科目;预提的费用实际支出时，借记"预提费用"科目，贷记"银行存款""现金"等科目。"预提费用"科目的期末余额一般在贷方，反映实际预提但尚未支出的费用数额。

4. 其他应付款

其他应付款是指与企业的经营活动直接或间接相关的应付、暂收其他单位或个人的款项。主要包括：应付经营性租入固定资产和包装物的租金、存入保证金（如收取包装物押金）、职工未按时领取的工资等。这些应付、暂收款项形成了企业的流动负债，在会计核算中设置"其他应付款"科目。企业发生的上述各种应付、暂收款项，借记"银行存款""管理费用""财务费用"等科目，贷记"其他应付款"科目;支付时，借记"其他应付款"科目，贷记"银行存款"等科目。"其他应付款"科目应按应付和暂收等款项的类别和单位或个人设置明细账，进行明细分类核算。

四、企业在分配过程中形成的流动负债

在企业生产经营的每个阶段，都要向国家交纳各种税金。企业应交的税款，在上交前暂时停留在企业，构成企业的流动负债；此外企业在许多情况下还以代理人的身份代理国家向纳税人征收某种税款，然后再上交给国家，承担代收代交税款的义务。企业的应交税金项目很多，虽然应交所得税也在应交税金科目下核算，但是考虑到应交所得税会计处理比较复杂，本节只讲述生产经营环节应交纳的税金。印花税是在税款发生时，便向税务部门交纳，不形成企业的短期负债。企业除了交纳各种税金外，还应该交纳教育费附加、车辆购置附加费等款项。企业应根据规定的计税依据、税率等有关资料计算出应纳税款，并按期向税务机关填报纳税申报表，填列纳税缴款书，由税务部门审核后，向当地代理金库的银行交纳税款。各种税款的交纳期限一般是根据税额的大小，由税务部门分别核定，企业逐期计算纳税，或按月预交，年终清缴汇算，多退少补。

（一）增值税

增值税就是销售货物或提供应税劳务征税的一种税种。按照增值税暂行条例的规定，一般纳税企业购入货物或接受应税劳务支付的增值税（即进项税额），可以从其销售货物或提供劳务规定收取的增值税（即销项税额）中抵扣。但是，如果企业购入货物或者接受应税劳务，没有按照规定取得并保存增值税扣税凭证（如增值税专用发票），或者增值税扣税凭证上未按照规定注明增值税额及其他有关事项的，其进项税额不能从销项税额中抵扣。会计核算中，如果企业购进货物或接受应税劳务支付的增值税额不能作为进项税额扣税，其已支付的增值税就应记入购入货物或接受劳务的成本。

企业为了对应交增值税进行会计明细核算，在"应交税金"科目下设置"应交增值税"明细科目进行核算。企业在"应交增值税"明细账内，设置"进项税额""已交税金""转出未交增值税""减免税款""销项税额""出口退税""进项税额转出""出口抵减内销产品应纳税额""转出多交增值税"九个专栏。同期在"应交税金"明细科目下设"未交增值税"明细科目，期末把应交未交或多交的增值税从"应交增值税"科目转到"未交增值税"科目并按有关规定进行核算。小规模纳税人只需设置"应交增值税"明细科目，不需要在"应交增值税"科目下设置专栏。

"进项税额"专栏——记录企业购入货物或接受应税劳务而支付的、准予从销项税额中抵扣的增值税额。企业购入货物或接受应税劳务支付的进项税额，用蓝字登记；退回所购货物应冲销的进项税额，用红字登记。

"已交税金"专栏——记录企业已交纳的增值税额。企业已交纳的增值税额用蓝字登记，退回多交的增值税额用红字登记。

"转出未交增值税"专栏——记录企业月度终了，将应当交未交的增值税额，从本科目转到未交增值税明细科目。

"减免税款"专栏——记录企业按规定减免的增值税额。

"销项税额"专栏——记录企业销售货物或提供应税劳务应收取的增值税额。企业销售货物或提供应税劳务应收取的销项税额，用蓝字登记；退回销售货物应冲销的销项税额，用红字登记。

"出口退税"专栏——记录企业出口货物，向海关办理出口报关手续后，凭出口报关单等有关凭证，向税务机关申报办理出口退税而收到退回的税款。出口货物退回的增值税额，用蓝字登记；出口货物办理退税后发生退货或者退关而补交已退的税款，用红字登记。

"进项税额转出"专栏——记录企业购进货物。在产品等发生非正常损失以及其他原因而不应从销项税额中抵扣，按照规定转出的进项税额。

"出口抵减内销产品应纳税额"专栏——实行"免、抵、退"办法有进出口经营权的生产性企业，按规定计算的当期应予抵扣的税额计入本科目。

"转出多交的增值税"专栏——记录在月度终了，企业多交的增值税额。

"未交增值税"明细科目——月度终了，企业把本期应交未交或多交的增值税从应交增值税科目转到该明细科目，该科目的借方反映多交的增值税，贷方反应交未交的增值税。

1.一般纳税企业一般购销业务的账务处理

实行增值税的一般纳税企业具有以下特点：一是企业销售货物或提供劳务可以开具增值税专用发票（或完税凭证或购进免税农产品凭证或收购废旧物资凭证，下同）；二是购入货物取得的增值税专用发票上注明的增值税额可从销项税额中抵扣；三是假如企业销售货物或者提供劳务采用销售额和销项税额合并定价方法的，按公式"销售额＝含税销售额÷（1+税率）"还原为不含税销售额，并按不含税销售额计算销项税额。有关采销业务的具体处理详述如下：

国内采购的物资，按专用发票上注明的增值税，借记"应交税金——应交增值税（进项税额）"，按专用发票上记载的应计入采购成本的金额，借记"物资采购""生产成本""管理费用"等，按应付和实际支付的金额，贷记"应付账款""应付票据""银行存款"等。购入物资发生退货时，做相反会计处理。

接受投资转入的物资，按专用发票上注明的增值税，借记"应交税金——应交增值税（进项税额）"，按确定的价值，借记"原材料"等，按其在注册资本中所占有的份额，贷记"实收资本"或"股本"，按其差额，贷记"资本公积"。

接受应税劳务，按专用发票上注明的增值税，借记"应交税金——应交增值税（进项税额）"，按专用发票上记载的应当计入加工、修理、修配等劳务成本的金额，借记"生产成本""委托加工物资""管理费用"等，按应付或实际支付的金额，贷记"应付账款""银行存款"等。

进口货物，按照海关提供的完税凭证上注明的增值税，借记"应交税金——应交增值税（进项税额）"，按照进口物资应计入采购成本的金额，借记"物资采购""库存商品"等，按应付或实付的金额，贷记"应付账款""银行存款"等。

销售物资或提供应税劳务，按照实现的营业收入和按规定收取的增值税额，借记"应收账款""应收票据""银行存款""应收股利"等，按专用发票上注明的增值税额，贷记"应交税金——应交增值税（销项税额）"，按实现的营业收入，贷记"主营业务收入"等。发生销售退回时，做相反的处理。

2. 一般纳税企业购入免税农产品的账务处理

企业购入免税产品，按照增值税暂行条例规定，对农业生产者自产的农业产品、古旧图书等部分项目的销售免征增值税。企业销售免征增值税项目的货物，不能开具增值税专用发票，只能开具普通发票。企业购进免税产品，一般情况下不能扣税，但按税法规定，对于购入的免税农业产品、收购的废旧物资等可以按买价（或收购金额）的10%计算进项税额，并准予从销项税额中抵扣。这里购入免税农业产品的买价，是指企业购进免税农业产品支付给农业生产者的价款和按规定代收代交的农业特产税。在会计核算时，按购入农产品的买价和规定的税率计算的进项税额，借记"应交税金——应交增值税（进项税额）"，按照买价减去按规定计算的进项税额后的差额，借记"物资采购""库存商品"等，按应付或实际支付的价款，贷记"应付账款""银行存款"等。

3. 小规模纳税企业的账务处理

增值税暂行条例将纳税人分为一般纳税人和小规模纳税人。小规模纳税人的特点：一是小规模纳税人销售货物或者提供应税劳务，一般情况下只能开具普通发票，不能开具增值税专用发票；二是小规模纳税人销售货物或者提供应税劳务，实行简易办法计税，按照销售额的6%或4%计算；三是小规模纳税人的销售额不包括其应纳税额，采用销售额和应纳税额合并定价的方法的，应当按照公式"销售额＝含税销售额÷（1+征收率）"还原为不含税销售额。

小规模纳税人和购入物资及接受劳务直接用于非应税项目或直接用于免税项目以及直接用于集体福利和个人消费的，其专用发票上注明的增值税，计入购入物资及接受劳务的成本，不通过"应交税金——应交增值税（进项税额）"科目核算。

4. 进出口货物的账务处理

企业进口货物，按照组成计税价格和规定的增值税率计算应纳税额。在会计核算时，进口货物交纳的增值税，按海关提供的完税凭证上注明的增值税额，借记"应交税金——应交增值税（进项税额）"，按进口物资应计入采购成本的金额，借记"物资采购""库存商品"等，按应付或实际支付的金额，贷记"应付账款""银行存款"等。其具体会计处理方法与国内购进货物的处理方法相同。

我国企业出口货物实行零税率政策，不仅出口货物的销项税额为零，而且企业购入货物时的进项税额也要退回。按照增值税暂行条例规定，纳税人出口货物，向海关办理出口手续后，凭出口报关单等有关凭证，可以按月向税务机关申报办理该项出口货物的退税。具体的出口退税应按以下规定处理。

第一，实行"免、抵、退"办法，有进出口经营权的生产性企业，按照规定计算的当期出口物资不予免征、抵扣的税额，计入出口物资成本，借记"主营业务成本"，贷记"应交税金——应交增值税（进项税额转出）"。按照规定计算的当期应予抵扣的税额，借记"应交税金——应交增值税（出口抵减内销产品应纳税额）"，贷记"应交税金——应交增值税（出口退税）"。因应抵扣的税额大于应纳税额而未全部抵扣的税款，借记"应收补贴款"，贷记"应交税金——应交增值税（出口退税）"；实际收到退税款时，借记"银行存款"，贷记"应收补贴款"。

第二，未实行"免、抵、退"的企业，物资出口销售时，按照当期出口物资应收的款项，借记"应收账款"，按规定计算的应收出口退税，借记"应收补贴款"，按规定计算的不予退回的税金，借记"主营业务成本"，按当期出口物资实现的收入，贷记"主营业务收入"，按规定计算的增值税，贷记"应交税金——应交增值税（销项税额）"。收到退回的税款时，借记"银行存款"，贷记"应收补贴款"。

5. 视同销售的账务处理

按照增值税暂行条例实施细则的规定，（1）对于企业将货物交付他人代销，销售代销货物；（2）将自产或委托加工的货物用于非应税项目；（3）将自产、委托加工或购买的货物作为投资提供给其他单位或个体经营者；（4）将自产、委托加工或购买的货物分配给股东或投资者；（5）将自产、委托加工的货物用于集体福利或个人消费等行为，应视同销售货物，需计算交纳增值税，按成本转账，借记"在建工程""长期股权投资""应付福利费""营业外支出"等，贷记"应交税金——应交增值税（销项税额）""库存商品""委托加工物资"等。另外，对于视同销售货物的行为，虽然会计核算不作为销售处理，但需要按规定计算交纳增值税，对（1）、（3）、（4）项还需要开具增值税专用发票，计入"应交税金——应交增值税"科目中的"销项税额"专栏。

6. 不予抵扣的账务处理

按照增值税暂行条例及其实施细则的规定，不予抵扣的项目包括：购进固定资产，用于非应税项目的购进货物或者应税劳务，用于免税项目的购进货物或者应税劳务，用于集体福利或者个人消费的购进货物或者应税劳务，非正常损失的购入货物，非正常损失的在产品、产成品所耗用的购进货物或者应税劳务等。对按规定不予抵扣的进项税额的账务处理视具体情况采用不同的方法。属于购入货物时即能认定其进项税额不能抵扣的，如购进固定资产，以及购入的货物直接用于免税项目，或者直接用于非应税项目，或者直接用于集体福利和个人消费的，其增值税专用发票上注明的增值税额，记入购入货物及接受劳务的成本。

7. 上交增值税的处理

企业上交增值税时，按照实际上交金额，借记"应交税金——应交增值税（已交税金）"，贷记"银行存款"科目。

8.期末应交未交或多交增值税的处理

月度终了，将本月应交未交或多交的增值税额从"应交税金——应交增值税"账户转到"应交税金——未交增值税"账户。未交增值税的，借记"应交税金——应交增值税（转出未交增值税）"科目，贷记"应交税金——未交增值税"科目；多交的增值税，借记"应交税金——未交增值税"科目，贷记"应交税金——应交增值税（转出多交增值税）"科目。

（二）消费税

消费税是对在我国境内生产、委托加工和进口应税消费品的单位和个人征收的一种税。其目的是正确引导消费，调节消费结构。消费税实行从价定率和从量定额的办法计算应纳税额。

实行从价定率办法计算的应纳税额 = 销售额 × 税率

实行从量定额办法计算的应纳税额 = 销售数量 × 单位税额

纳税人销售的应税消费品，以外汇计算销售额的，应该按外汇市场价格折合成人民币计算应纳税额。

从价定率计算应纳税额的税基——销售额，是指不含增值税的销售额。如果企业应税消费品的销售额中未扣除增值税税额，或者因为不能开具增值税专用发票而发生价款和增值税款合并收取的，在计算消费税时，按公式"应税消费品的销售额 – 含增值税的销售额 ÷（1+ 增值税率或征收率）"换算为不含增值税税款的销售额。

应纳税额的销售数量是指应税消费品的数量。属于销售应税消费品的，为应税消费品的销售数量；属于自产自用应税消费品的，为应税消费品的移送使用数量；属于委托加工应税消费品的，为纳税人收回的应税消费品数量；进口的应税消费品，为海关核定的应税消费品进口征税数量。

为了进行消费税的会计核算，应在"应交税金"科目下设置"应交消费税"明细科目。下面分几种情况讲述消费税的会计核算：

1.销售应税消费品的会计处理

消费税实行价内征收，企业交纳的消费税计入主营业务税金及附加抵减产品主营业务收入。企业在销售应税消费品时，借记"主营业务税金及附加"等，贷记"应交税金——应交消费税"。企业把应税消费品用于福利支出、在建工程、长期股权投资等视同销售的行为，企业视销售消费品的情况不同，分别借记"应付福利费""长期股权投资""固定资产""在建工程""营业外支出"等，贷记"应交税金——应交消费税"。

2.委托加工应税消费品的会计处理

按税法规定，要求交纳消费税的委托加工物资，由受托方代收代交税款。其具体的会计核算分两种情况。一是委托加工的应税消费品收回后，委托方用于连续生产应税消费品的，所纳税款准予按规定抵扣。值得注意的是，这里的委托加工应税消费品，是指由委托方提供原料和主要材料，受托方只收取加工费和代垫部分辅助材料加工的应税消费品。对于由受托方提供原材料生产的应税消费品，或受托方先将原材料卖给委托方，然后再接受加工的应税消费品，以及由受托方以委托方名义购进原材料生产的应税消费品，都不作为委托加工应税消费品，而应当按照销售自制应税消费品交纳消费税。二是委托加工的应税消费品收回后，委托方直接出售的，不再征收消费税。

在进行会计处理时，需要交纳消费税的委托加工应税消费品，于委托方提货时，由受托方代扣代缴税款。受托方按应扣税款金额，借记"应收账款""银行存款"等科目，贷记"应交税金——应交消费税"科目。委托加工应税消费品收回时，直接用于销售的，委托方应将代扣代缴的消费税计入委托加工的应税消费品成本，借记"委托加工物资""生产成本"等，贷记"应付账款""银行存款"等，待委托加工的应税消费品销售时，不需要再交纳消费税；委托加工的应税消费品收回后用于连续生产应税消费品，按照规定准予抵扣的，委托方应按代扣代交的消费税款，借记"应交税金——应交消费税"，贷记"应付账款""银行存款"等。待用委托加工的应税消费品生产出应纳消费税的产品销售时，再交纳消费税。

3.进出口消费品的会计处理

需要交纳消费税的进口物资，其交纳的消费税应计入该项物资的成本，借记"固定资产""原材料""库存商品"等，贷记"银行存款"。免征消费税的出口物资应分别视不同情况进行会计处理：属于生产企业直接出口或通过外贸公司出口的物资，按照规定直接予以免税的，可不计算应交消费税；属于委托外贸企业代理出口应税消费品的生产企业，应在计算消费税时，按应交消费税额，借记"应收账款"，贷记"应交税金——应交消费税"。应税消费品出口收到外贸企业退回的税金，借记"银行存款"，贷记"应收账款"。发生退关、退货而补交已退的消费税，做相反的会计分录。

（三）营业税

营业税是对提供应税劳务、转让无形资产或者销售不动产的单位和个人征收的一种流转税。营业税按营业额和规定的税率计算应纳税额，计算公式是：

应纳税额 = 营业额 × 税率

企业应在"应交税金"科目下设置"应交营业税"明细科目进行营业税会计核算。按其营业额和规定的税率，计算应交纳的营业税，借记"主营业务税金及附加"等科目，贷记"应交税金——应交营业税"。

企业销售不动产交纳营业税时，借记"固定资产清理"科目，贷记："应交税金——应交营业税"科目核算。企业转让无形资产交纳营业税时，借记"其他业务支出"科目，贷记："应交税金——应交营业税"科目核算。

（四）房产税、土地使用税、车船使用税和印花税

房产税是国家在城市、县城、建制镇和工矿区征收的由产权所有人交纳的税。房产税依照房产原值一次减除10%至30%后的余额为基数，按税率1.2%计算交纳。没有房产

原值作为依据的，由房产所在地税务机关参考同类房产核定；房产出租的，以房产租金收入的12%为房产税的计税依据。

土地使用税是国家为了合理利用城镇土地，调节土地级差收入，提高土地使用效益，加强土地管理而开征的一种税。土地使用税以纳税人实际占用的土地面积为计税依据，按照规定税额计算征收。

车船使用税由拥有且使用车船的单位和个人交纳。车船使用税依照适用税额计算交纳。

印花税是以因从事经济活动、财产产权转移、权利许可证照的授受等书立、领受、使用应税凭证的行为为征税对象而征收的一种税。实行由纳税人根据规定自行计算应纳税额，购买并一次贴足印花税票的交纳方法。应纳税凭证包括：购销、加工承揽、建设工程承包、财产租赁、货物运输、仓储保管、借款、财产保险、技术合同或者具有合同性质的凭证；产权转移书据；营业账簿；权利、许可证照等。纳税人根据应纳税凭证的性质，分别按比例税率或者按件定额计算应纳税额。

企业按照规定计算应交的房产税、土地使用税、车船使用税，借记"管理费用"，贷记"应交税金——应交房产税、土地使用税、车船使用税"；上交时，借记"应交税金——应交房产税、土地使用税、车船使用税"，贷记"银行存款"。

企业交纳印花税时，直接借记"管理费用"或"待摊费用"，贷记"银行存款"，不需要通过"应交税金"科目。

第三节　长期负债

一、长期负债的性质及分类

1.长期负债的概念及性质

长期负债是指偿付期超过一年或一个营业周期的负债。长期负债除具有负债的一般特征外，还具有金额大、期限长、可以分期偿还的特征。企业为了满足生产经营的需要，特别是在企业扩展阶段，往往需要大量的长期资金。长期负债作为企业一项义务，应流出现金或其他经济资源的结算期限较长，因此长期负债成为企业筹措资金的一种重要方式。企业筹措长期负债资金，一般多用于添置大型机器设备，购置房地产，或者改建、扩建厂房等方面。

对企业来说通过举债来筹措长期资金，比从所有者那里获取长期资金有下列优势：

第一，作为长期负债的债权人在企业经营中不具有管理权和表决权，不会稀释大股东对企业的控制权。

第二，企业举债不会影响企业原有的股权结构，他们仅仅按照固定的利率获取利息，不参与利润的分配。因而，不会因举债而减少每股收益率，从而影响股票的价格。

第三，长期负债的利息支出可以作为费用从税前利润中扣除。从而减少所得税的开支，享受税收的优惠，相当于国家让出一部分税金帮助企业还债。股利只能从税后利润中支付。

但是，长期负债也有其不利的一面：一是，不管企业经营得好坏，企业都将按照固定的利率向债权人支付利息，在投资报酬低于资金成本时，会减少股东股本收益率。二是，长期负债到期时一次性支付的资金数额较大，在企业资金困难时，有被债权人申请破产还债的风险。三是，在企业破产还债时，债权人与股东相比对破产资产有优先受偿权。

2. 长期负债的分类

根据企业举借长期负债形式不同，长期负债可以分为以下三类：

（1）长期借款，是指企业从银行或其他金融机构借入的，偿还期在一年（不含一年）以上的各种借款，包含人民币长期借款和外币长期借款。

（2）应付债券，亦称长期应付债券或应付公司债券，是指企业以发行债券的方式筹措资金而形成的长期负债。债券是指发行人依照法定程序发行的、承诺在一定时期内偿还本金和按照固定利率支付利息的一种债务凭证。

（3）长期应付款，核算企业除长期借款和应付债券以外的其他长期应付款项，主要包含采用补偿贸易方式引进国外设备应付的价款和融资租入固定资产应付给出租方的租赁费。

二、长期负债的核算

（一）长期借款

长期借款主要是指企业从银行或者其他金融机构借入的偿还期限在一年以上的借款。为了核算企业的长期借款，会计准则规定设置"长期借款"科目。企业在取得长期借款时，借记"银行存款"科目，贷记"长期借款"科目。因长期借款而发生的利息支出，应按照权责发生制原则按期预提。根据《企业会计准则——借款费用》准则的规定，如专项用于固定资产投资的，在固定资产购建期间进行借款费用资本化，借记"在建工程"科目，贷记"长期借款"科目。固定资产竣工交付使用后，借款利息计入财务费用。如非专项用于固定资产投资的长期借款利息，进行借款费用化，借记"财务费用"科目，贷记"长期借款"科目。归还本息时，借记"长期借款"科目，贷记"银行存款"科目。

（二）应付债券

企业债券是指企业为了筹集长期使用资金而依照法定程序对外发行的、约定在一定期限内还本付息的一种书面凭证。企业债券要载明企业的名称、债券面值、票面利率、还本期限和方式、利息支付的方式、发行日期等。按债券的发行价格与面值的大小，债券有三种发行方式，即溢价发行、平价发行和折价发行。由于债券的发行价格受票面利率和市场利率的影响，当票面利率高于市场利率时，债券的发行价格就会超过债券面值，按照超过债券面值的价格发行称为溢价发行；当票面利率等于市场利率时，债券的发行价格就会等于债券面值，此时称为平价发行，也叫面值发行；当债券的票面利率低于市场利率时，债券的发行价格就会低于债券面值，称为折价发行。

为了核算企业的长期债券，企业设置"应付债券"科目，在该科目下设置"债券面值""债券溢价""债券折价"和"应计利息"四个明细科目。

1. 债券发行时的账务处理

债券按平价发行时，按照实际收到的价款，借记"银行存款"；按债券的面值，贷记"应付债券——债券面值"。债券按溢价发行时，按照实际收到的价款，借记"银行存款"等；按债券的面值，贷记"应付债券——债券面值"；按照超过债券面值的溢价，贷记"应付债券——债券溢价"。企业按折价发行的债券，按实际收到的金额，借记"银行存款"等；按债券券面金额与实际收到金额之间的差额，借记"应付债券——债券折价"；按券面金额，贷记"应付债券——债券面值"。企业债券发行时，假如发行费用大于发行期间冻结资金的利息收入，按发行费用减去发行期间冻结资金的利息收入的差额计入财务费用。如所筹款项用于固定资产项目的，则要按照借款费用资本化的处理原则，进行借款费用资本化，计入固定资产成本。如果发行费用小于发行期间冻结资金的利息收入，按发行期间冻结资金所产生的利息收入减去发行费用的差额，作为发行债券的溢价收入，在债券存续期间，计提利息时摊销。

2. 计息与到期还本付息时的会计处理

企业债券应按期计提利息。按照面值发行债券应提的利息，借记"在建工程"或"财务费用"，贷记"应付债券——应计利息"。企业溢价或折价发行债券，其实际收到的金额与债券票面金额的差额，应在债券存续期内按实际利率法或直线法进行分期摊销。溢折价要在利息计提时进行摊销。在溢价发行的情况下，按照应摊销的溢价金额，借记"应付债券——债券溢价"；按照应计利息与溢价摊销额的差额，借记"在建工程"或"财务费用"；按应计利息，贷记"应付债券——应计利息"。在折价发行的情况下，按应摊销的折价金额和应计利息之和，借记"在建工程"或"财务费用"；按应摊销的折价金额，贷记"应付债券——债券折价"；按应计利息，贷记"应付债券——应计利息"。债券到期实际支付债券本息时，借记"应付债券——债券面值"和"应付债券——应计利息"，贷记"银行存款"。

3. 溢价和折价的摊销

债券溢价和折价的摊销方法有两种，即直线法和实际利率法。

（1）直线法

企业采取直线法进行溢、折价的摊销，就是把债券的溢、折价按照债券的期限平均分摊，每期的摊销数额相等，这个方法的特点是计算比较简单。

（2）实际利率法

企业采取实际利率法进行溢折价的摊销的，每期确认的利息费用为应付债券账面价值与实际利率的乘积，每期确认的应付利息为应付债券的面值与票面利率的乘积，每期溢折价的摊销额为每期的利息费用与应付利息的差额。在使用实际利率法计算实际利率时，要按照债券利息的偿还方式不同采用不同的公式。

①分次付息，一次还本方式

债券面值 ± 债券溢折价 = 债券到期应付本金的贴现值 + 各期实付的债券利息的贴现值

②到期一次还本付息方式

债券面值 ± 债券溢折价 = 债券到期应付本息和的贴现值

4. 可转换公司债券的会计处理

可转换公司债券是指发行人依照法定程序发行的、在一定期限内根据约定的条件转换成发行公司股份的债券。可转换公司债券的最大特点是，可转换公司债券的持有人在可转换期间有选择权，当该公司的股票价格较高时，可以把手中的债券转换成股票；相反如果股价较低，就可以不行使转换权，到期收回债券的本息。从而可转换公司债券对投资人来说具有更大的吸引力，而对发行人来说，则减少了到期要一次性支付大量资金的困难。利用可转换公司债券筹资越来越受到企业的青睐。企业在进行可转换公司债券的会计核算时，应设置"可转换公司债券"科目。企业发行可转换公司债券时，按照发行一般的公司债券进行处理。对于可转换公司债券的计息和溢折价摊销，在可转换公司债券的持有人行使转换权利之前，应当按一般公司债券的处理方法进行会计处理，按期计息并进行溢折价的摊销。当可转换公司债券的持有人行使转换权时，应按其账面价值转换，借记"可转换公司债券"科目；按转换的股份面值，贷记"股本"科目；按转换公司债券时向债券持有人支付的现金，贷记"现金"科目；按可转换公司债券的价值与转换的股份面值的差额，减去支付的现金的余额，贷记"资本公积"科目。如果可转换公司债券的持有人在可转换期间没有行使其转换权，企业应像一般债券一样到期还本付息，借记"可转换公司债券"科目，贷记"银行存款"科目。

（三）应付引进设备款

企业按照补偿贸易方式引进设备时，应当按设备的外币金额（包括设备及随同设备进口的工具、零配件等的价款以及国外的运杂费）和规定的折合率折合为人民币金额，借记"在建工程"，贷记"长期应付款——应付引进设备款"。企业用人民币借款支付设备的进口关税、国内运杂费和安装费时，借记"在建工程"，贷记"银行存款""长期借款"等。按补偿贸易方式引进的国外设备交付生产使用时，应将其全部价值（包括设备价款和国内费用），借记"固定资产"，贷记"在建工程"。归还引进设备款时，借记"长期应付款——应付引进设备款"，贷记"银行存款"等。随同设备购进的专用工具和零配件等，应当于交付使用时，借记"原材料""低值易耗品"等，贷记"在建工程"。

（四）专项应付款

专项应付款是指企业接受国家拨入的具有专门用途的拨款，比如专项用于技术改造、技术研究等，以及从其他来源取得的款项。为了核算专项应付款，企业应设置"专项应付款"科目。在实际收到专项应付款时，借记"银行存款"，贷记"专项应付款"。拨款项目完成后，按照形成各项固定资产部分的实际成本，借记"固定资产"，贷记"银行存款""现金"等，同时，借记"专项应付款"，贷记"资本公积"。未形成固定资产需核销的部分，借记"专项应付款"，贷记有关科目。拨款项目完工后，如拨款结余需上交的，借记"专项应付款"，贷记"银行存款"。

三、借款费用

（一）借款费用的概念

从制定有借款费用会计准则的国家以及国际会计准则来看，均对借款费用做了定义。大多数国家和地区对借款费用的定义与《国际会计准则第23号——借款费用》基本相同，即认为，"借款费用，是指企业借入资金而发生的利息和其他费用"。

我国《企业会计准则——借款费用》规定，借款费用是指企业因借款而发生的利息、折价或溢价的摊销和辅助费用，以及因外币借款而发生的汇兑差额。借款费用包括短期借款费用和长期借款费用，而在本节中所讲的借款费用指的是长期借款费用，并且主要研究专门借款费用的处理。我国《企业会计准则——借款费用》准则中并没有给出专门借款费用的定义，但对专门借款进行了定义。所谓"专门借款"是指为购建固定资产而专门借入的款项。

（二）借款费用的内容

根据我国《企业会计准则——借款费用》中借款费用的定义不难看出，借款费用包括四个方面的内容：因借款而发生的利息，发行债券的溢折价，借款过程中发生的辅助费用，以及外币借款产生的汇兑损益。准则明确指出借款费用不包括以下两项费用：

（1）与融资租赁有关的融资费用；

（2）房地产商品开发过程中发生的费用。

国际会计准则中关于借款费用的定义与我国的会计准则中的借款费用的定义描述基本一致，但具体包括的内容不一致，国际会计准则规定的借款费用的内容包括：

（1）银行透支、短期借款和长期借款的利息；

（2）与借款有关的折价或溢价的摊销；

（3）安排借款所发生的附加费用的摊销；

（4）按照《国际会计准则第17号——租赁会计》确认的与融资租赁所形成的融资费用；

（5）作为利息费用调整的外币借款产生的汇兑差额。

由以上对借款费用的列示可以看出，我国会计准则规定的借款费用的内容要比国际会计准则规定的借款费用的内容要窄，主要是把与融资租赁有关的融资费用和房地产开发过程中发生的借款费用排除在外。下面就我国会计准则的借款费用具体内容讲述如下：

1. 因借入资金而发生的利息

因借款而发生的利息，包含企业从银行和其他金融机构等借入资金发生的利息，发行债券发生的利息，以及承担带息债务应计的利息等。

2. 发行债券而发生的折价或溢价的摊销

因借款而发生的折价或溢价主要是发行债券发生的折价或溢价。折价或溢价的摊销实质上是指对借款利息的调整，因此构成了借款费用的组成部分。企业应在借款的存续期间对折价或溢价进行分期摊销。折价或溢价的摊销，可以采用实际利率法，也可以采用直线法。

3. 与借款或债券发行有关的辅助费用

因借款而发生的辅助费用，是指企业在借款过程中发生的诸如手续费、佣金、印刷费、承诺费等费用。由于这些费用是因安排借款而发生的，也是借入资金的一部分代价，因此这些费用构成了借款费用的组成部分。

4. 因外币借款而发生的汇兑损益

因外币借款而发生的汇兑损益是指由于汇率变动而对外币借款本金及其利息的记账本位币金额产生的影响金额。由于这部分汇兑差额是与外币借款直接相关联的，因此也构成了借款费用的组成部分。

（三）借款费用的会计处理

借款费用的会计处理包括两个方面：一是借款费用的确认，就是确定一定时期的借款费用金额以及应归属何种会计要素的过程；二是借款费用的计量，就是如何通过会计的方法和手段反映借款费用。

1. 借款费用确认的原则

关于借款费用的确认原则，当前国际上主要有两种不同的理论观点：一是借款费用应该资本化，计入相关资产的成本；二是借款费用应该费用化，直接计入当期损益。现就两种理论观点分别阐述如下：

第一种观点：借款费用资本化。持此观点者主张，长期负债往往是为了取得某项长期资产而借入的，其利息等借款费用与索取的资产有紧密的联系，它与构成资产成本的其他要素并无本质上的区别，如果使一项资产达到预定使用状态和场所需要相当长的时间，在此时间内因该项资产支出而发生的借款费用属于其历史成本的一部分。另外，如果将借款费用化，会导致还款前的各会计期间，由于巨额的借款费用而导致盈利减少乃至亏损，而借款所购建资产往往在还款之后的相当长时间内仍然发挥作用。由此可见，借款费用化不利于正确反映各期损益。而将购置此类资产有关的借款费用资本化，则会提高企业建造（或生产）资产成本与购置资产成本（其价格考虑了借款费用）之间的可比性。假如将赞成借款费用资本化的理由进行归纳，一是符合"收入与费用配比原则"的要求；二是适应了一项资产完全成本核算的要求。

第二种观点：借款费用化。持此观点者主张企业债务所发生的利息等借款费用属于筹集资金过程中发生的筹资费，与借入资金的运用无关，因此应将其计入当期损益，而不应计入购置资产的成本。如果将借款费用资本化，会使同类资产的取得成本仅仅由于筹资方式不同而产生差异；用借入资金购置资产的成本要高于用自由资金购置资产的成本，而且这种差异往往较大。这样会使资本成本缺乏可比性的支持；一方面，企业的部分资产是由带息负债筹措的；另一方面，有的资产是由权益筹措的，当负债利息资本化时，其资产的入账成本就会大于由权益筹措资产的入账成本，因为作为权益报酬支付所有者的金额不作为资本化费用。而以借款费用冲减收益即费用化，能使财务报表提供各期之间更为可比的财务成果，从而更能说明一个企业日后的现金流量。借款费用化使利息费用随着形成利息费用的借款水平和利率发生变动，而不是受购置资产的影响。赞成借款费用化的理论支持是稳健性原则。

从世界各国有关借款费用的会计准则来看，对于借款费用的确认原则的规定不是完全统一的。主要有下列几种模式：

（1）国际会计准则模式（有选择性模式）

国际会计准则委员会 1984 年 7 月发布的《国际会计准则第 23 号——借款费用的资本化》，规定了允许在资本化和费用化之间自由选择。国际会计准则委员会 1993 年 12 月修订的《国际会计准则第 23 号准则——借款费用》，明确指出"借款费用应于其发生的当期确认为费用"，并将这一原则作为借款费用的基准处理方法，而将借款费用资本化作为允许在一定条件下选择的方法。从国际会计准则发展历史中可以看到，关于借款费用资本化与费用化的争议由来已久。从当前的情况看，借款费用的费用化将成为新的发展趋势。马来西亚、巴基斯坦、新加坡等国家的会计准则采用这一模式。

（2）美国、澳大利亚模式

美国、澳大利亚、法国、德国、韩国、我国香港等地所制定的会计准则对于借款费用处理的原则是：要求对与符合资本化条件的资产直接相关的借款费用予以资本化，其他借款费用化。这一要求实际上是与国际会计准则中"允许选用的处理方法"相一致的。当然在对符合条件的资产的界定上，各个国家和地区国际会计准则略有不同。但借款费用的资本化仍然是许多国家和地区采用的第一种方法，同时各国和地区对借款费用的资本化对象和资本化时间等也做了不同的限制性规定。如美国要求企业对于需要一定时间才能达到预定用途的资产，将借款费用资本化作为这些资产历史成本的一部分。德国规定只有与长时间建造新设施有关的借款费用才予以资本化，并且要求借款与资本投资之间具有密切关系和合理保证该设施的未来经济效益能补偿资本化的费用。

（3）日本模式

日本会计准则规定，假如企业所借入的款项是专门为了用于不动产的开发，则企业应将相应的借款利息予以资本化，计入该资产的成本；除此之外，其他所有的借款费用应在其发生时计入费用。因此，日本会计准则对于借款费用的处理，原则上是费用化。

（4）我国对借款费用确认的原则

我国在《企业会计准则——借款费用》准则颁布实施以前，会计实务中对于与建造固定资产有关的借款费用在固定资产交付使用前予以资本化，固定资产交付以后借款费用计入当期损益。具体的处理如下：

①为购建固定资产而发生的长期借款费用，在固定资产交付使用之前，计入固定资产的价值；

②为购建固定资产而发生的长期借款费用，在固定资产交付使用后，计入当期损益；

③流动负债性质的借款费用和非为购建固定资产发生的长期借款费用，于发生时计入当期损益；

④在企业筹建期间的长期借款费用（除为购建固定资产而发生的长期借款费用外），计入企业的开办费；

⑤在企业清算期间发生的长期借款费用，计入清算损益。

在 2001 年我国颁布实施了《企业会计准则——借款费用》准则。该具体会计准则的第四条、第五条规定了借款费用处理原则：第四条规定，因专门借款而发生的利息、折价或溢价的摊销和汇兑差额，在符合本准则规定的资本化条件的情况下，应当予以资本化，计入该项资产的成本；其他的借款利息、折价或溢价的摊销和汇兑差额，应该于发生当期确认为费用。第五条规定，因安排专门借款而发生的辅助费用，属于在所购建固定资产达到预定可使用状态之前的，应当在发生时予以资本化；以后发生的辅助费用应当于发生当期确认为费用。如果辅助费用的金额较小，也可以于发生当期确认为费用。因安排其他借款而发生的辅助费用应当于发生当期确认为费用。

2. 借款费用资本化金额的确定

借款费用资本化是指借款费用在企业的财务报表中作为购置某些资产的一部分历史成本。在会计实务上对如何进行借款费用资本化也存在不同的观点：一种观点认为，不管用在购建固定资产上的专门借款是多少，当期因该专门借款发生的所有借款费用均应资本化，计入购建固定资产的成本。理由是，该借款是为购建该项固定资产专门借入的，该借款在当期所发生的所有借款费用均应计入该项固定资产的成本。另一种观点认为，当期计入购建固定资产成本的借款费用，应仅仅是使用在该项固定资产上的专门借款金额所产生的借款费用，未使用的专门借款所发生的借款费用应计入当期损益。理由是，该项固定资产既然没有占用全部专门借款，也就不应承担全部借款费用。我国《企业会计准则——借款费用》准则采用的是后一种观点。下面我们就借款费用的不同内容分别讲述如下：

（1）借款利息的资本化

借款利息的资本化公式是：

每一笔会计期间利息的资本化金额 = 至当期末购建固定资产累计支出加权平均数 × 资本化率

累计加权平均数 =∑ 每笔资产支出金额 × 每笔资产支出实际占用的天数 ÷ 会计期间

涵盖的天数

为简化计算，也可以以月数作为计算累计支出加权平均数的权数。资本化率的计算按下列原则确定：

其一，为购建固定资产只借入一笔专门借款，资本化率为该项借款的利率；

其二，为购建固定资产借入一笔以上的专门借款，资本化率为这些借款的加权平均利率。

（2）折价或溢价的资本化

如果借款费用中存在折价或溢价的情况，应该将折价或溢价的每期摊销额作为利息的调整额，对资本化率做相应的调整。即计算资本化率时，用"专门借款当期实际发生的利息之和"减去当期债券溢价的摊销额或加上当期债券折价的摊销额。折价或溢价的摊销，可以采用实际利率法，也可以采用直线法。

（3）外币借款汇兑差额的资本化

如果专门借款为外币借款，则在应予资本化的每一会计期间，汇兑差额的资本化为当期外币专门借款本金及利息所发生的汇兑差额。即将发生的专门借款的汇兑差额全部予以资本化，无须再用公式加以计算。

（4）借款费用资本化的限制

我国《企业会计准则——借款费用》规定，在应予资本化的每一会计期间，利息和折价或溢价摊销的资本化金额，不能超过当期专门借款实际发生的利息和折价或溢价的摊销金额。

（四）借款费用资本化的起止时间

1. 借款费用资本化的开始

与国际会计准则和其他大多数国家或地区会计准则的规定大体相同，我国会计准则规定：下列三个条件同时具备时，因为专门借款而发生的利息、折价或溢价的摊销和汇兑差额应当开始资本化。

（1）资产支出已经发生

资产支出只包括购建固定资产而以支付现金、转移非现金资产或者承担带息债务形式发生的支出。具体来说是：

①支付现金是指用货币资金支付固定资产的购建或建造支出。如用现金、银行存款或其他货币资金等购买工程材料，用现金支付建造固定资产的职工工资等。

②转移非现金资产是指将非现金资产用于固定资产的建造与安装，比如将企业自己生产的产品用于固定资产的建造，或者以企业自己生产的产品向其他企业换取用于固定资产建造所需要的物资等。

③承担带息债务是指因购买工程用材料等而带息应付款项（如带息应付票据）。企业以赊购方式从供货单位购买工程物资，由此产生的债务可能带息也可能不带息。如果是不

带息债务，就不计入资产支出，因为在该债务偿付前不需要承担利息，企业不会因这部分未偿付债务承担借款费用，亦即没有任何借款费用是应当归属于这部分未偿付债务的。而对于带息债务来说，情况就不同了，由于企业要为这笔债务付出代价即承担利息，与企业用银行借款支付资产支出的性质是一样的。所以，带息债务应当作为资产支出，用以计算应予资本化的借款费用金额。

（2）借款费用已经发生

借款费用已经发生是指已经发生了购建固定资产而专门借入款项的利息、折价或溢价的摊销、辅助费用或汇兑差额。

（3）为使资产达到预定使用状态所必要的购建活动已经开始

为使资产达到预定使用状态所必要的购建活动主要是指资产的实体建造活动。开始状态是指实体购建活动已经开始，如果仅仅购置了建筑用地但未发生有关房屋建造活动就不包括在内。

2. 借款费用资本化的中断

如果固定资产的购建活动发生非正常中断，并且中断时间连续超过 3 个月，应该暂停借款费用的资本化，将其确认为当期费用，直至资产的购建活动重新开始。但如果中断是使购建的固定资产达到预定可使用状态所必要的程序，则借款费用的资本化应当继续进行。

3. 借款费用资本化的停止

（1）不需要试生产或试运行的固定资产

当所购建固定资产达到预定可使用状态时，应该停止其借款费用的资本化，以后发生的借款费用应当于发生当期确认为费用。所购建固定资产达到预定可使用状态是指，资产已经达到购买方或建造方的可使用状态。具体可以从下述几个方面进行判断：①固定资产的实体建造（包括安装）工作已经全部完成或者实质上已经完成。②所购建的固定资产与设计要求或合同要求相符或基本相符，即使有极个别与设计或合同要求不相符的地方，也不影响其正常使用。③继续发生在所购建固定资产上的支出金额很少或几乎不再发生。

（2）需要试生产或试运行的固定资产

如果所购建的固定资产需要试生产或试运行，则在试生产结果表明资产能够正常生产出合格产品时，或试运行结果表明能够正常运转或营业时，就应该认为资产已经达到预定可使用状态。

（3）购建固定资产部分完工的处理

购建的固定资产不是整体一次性完工，而是分部分逐步完工，有关先完工部分的借款费用资本化的停止问题，具体又要分两种情况处理：一是如果所购建固定资产的各部分分别完工，每部分在其他部分继续建造过程中可供使用，并且为使该部分达到预定可使用状态所必要的购建活动实质上已经完成，则应该停止该部分资产的借款费用资本化；二是如果所购建固定资产的各部分分别完工，但务必等到整体完工后才可使用，则应该在该资产整体完工时停止借款费用的资本化。

（五）借款费用的披露

因借款费用资本化是编制财务报表时应考虑的重要问题，所以会计报表附注中应对此予以披露。按照我国《企业会计准则——借款费用》准则规定，借款费用资本化披露的内容有：

1. 当期资本化的借款费用金额

当期资本化的借款费用金额是指当期已计入固定资产成本中的各项借款费用之和，包括应予资本化的利息、折价或溢价的摊销、汇兑差额和辅助费用之和。如果企业当期有两项或多项固定资产同时购建，应该披露这些资产当期资本化的借款费用总额。

2. 当期用于确定资本化金额的资本化率

由于企业在某一期间内，可能存在多项专门借款和多项固定资产购建，在披露资本化率时，应当按以下原则处理：

（1）如果当期有两项或两项以上的固定资产，且各自使用的资本化率不同，应当按照分项披露的原则各自披露；如果资本化率相同，可以合并披露。

（2）如果对外提供财务报告的期间长于计算借款费用资本化金额的期间，且在计算借款费用资本化金额的各期，用于确定资本化金额的资本化率不同，应当各期分别披露；如果各期计算资本化金额所使用的资本化率相同，则可以合并披露。

第四节　所有者权益

一、所有者权益的性质和构成

（一）所有者权益的性质

所有者权益是企业所有者对企业净资产的所有权。它是财务会计的基本要素之一，在金额上表现为企业的全部资产扣除全部负债后的余额，即企业的净资产额。独资企业、合伙企业和股份企业的所有者权益分别称为业主权益、合伙人权益和股东权益。所有者权益和负债同属权益，都是对企业资产的要求权，企业的资产总额等于负债总额加上所有者权益总额。但是所有者权益和负债之间存在着明显的区别，概括为下列几个方面：

1. 性质不同

企业与债权人之间的经济关系一般事先具有明确的规定，债权人按事先规定的条件收取本息。所有者则根据公司的盈利情况和分红政策取得分红收入。负债是企业对债权人承担的经济责任；所有者权益是企业对所有者承担的经济责任。从这一意义上讲，只有所有者才真正承担着企业的经营风险。

2. 权利不同

作为企业负债对象的债权人与企业只有债权债务关系，既无权参与企业的经营管理，也不参与企业的利润分配；而作为所有者权益对象的投资人则有法定参与管理企业或委托他人管理企业的权利，与此相适应，所有者也享有债权人所不能享有的权利，除了可能享有较利息更高的股利收入之外，还包含未分配的净利润，即留存利润。

从"资产－负债＝所有者权益"这一会计方程式来看，所有者权益是一种剩余权益。会计计量是以一定的会计假设为前提，以一定的会计原则为依据的。在企业的整个经营过程中，物价、币值、汇率等诸多因素的频繁变动，都可能导致会计计量结果偏离实际现时的状况。所以，通过会计核算所得的所有者权益，可能是一个账面意义上的所有者权益。一旦企业停业清算，实际归所有者享有的权益，只能是全部资产的清算价值扣减全部负债的差额。亦即，所有者权益的实质是净资产的现时价值。

3. 偿还责任不同

负债有规定的偿还期限，一般要求企业按规定的利率计算并支付利息，到期偿还本金。对债权人来说，利息收入和偿还时间较为固定，与企业的经营成果并无多大关系，承担的风险相对较小。所有者权益在企业持续经营条件下，投资者一般不能抽回投资。对投资人来说，其投资报酬与企业的经营成果有密切的关系，投资人对企业的经营活动承担着比债权人更大的风险，同时也享受着分配企业利润的权利。

4. 偿还顺序不同

企业对债权和所有权满足的先后顺序不同，一般规定债权优先于所有权，债权是第一要求权，表现为在企业清算时，对企业的剩余资产的要求权，债权人要先于所有者。

（二）所有者权益的构成

不同组织形式的企业，其所有者权益构成项目的名称及包含的具体内容有所差异。但不论何种形式的企业，其所有者权益的基本构成情况大体相同。通常，所有者权益应包括投入资本、资本公积、盈余公积和未分配利润。

1. 投入资本

投入资本是指企业的投资者实际投入企业的资本，它是所有者权益的主体和基础。按照其投资者的性质不同，可分为国家投资、法人投资、个人投资和外商投资等。

与投入资本密切相关的一个概念是注册资本。所谓注册资本，是指企业在设立时向工商行政管理部门登记的资本总额。在资本分次募集的情况下，在最后一次投入资本之前，投入资本始终小于注册资本。

2. 资本公积

投入资本有确指的投资者，但有些特殊事项引起的所有者权益，可能不便归于具体的投资者，但是它们又不是由盈利而形成的。这种类型的所有者权益被称为资本公积，主要包括资本（或股本）溢价、接受捐赠财产、外币资本折算差额等。资本公积是所有者的共同权益。

3. 盈余公积

盈余公积是指从税后利润中提取的公积金，包含法定盈余公积金、任意盈余公积金和法定公益金。

4. 未分配利润

未分配利润是指企业实现的利润中留于以后年度分配或待分配的那部分结存利润。

二、独资及合伙企业的所有者权益

在会计核算中，不同组织形式的企业，对所有者权益的核算差别很大。按国家有关法规规定，当前我国企业组织形式有：独资企业、合伙企业和公司制企业。其中独资企业、合伙企业在所有者权益方面与公司制企业相差较大。

（一）独资企业的所有者权益

1. 独资企业所有者权益的特点

独资企业是由个人独立出资而形成的一种企业组织形式。它不具有独立的法律主体地位，也不是纳税主体。出资人对企业的财产和赚取的利润拥有全部支配权，对企业的债务负有无限清偿责任。

独资企业所有者权益的最大特点是：不需要区分业主投资和利润积累，因为无论是业主对企业进行投资，还是业主从企业提款及进行利润分配等活动，均是业主的自主行为。

2. 独资企业所有者权益的会计处理

尽管独资企业不是独立的法律主体，但并不否认其独立会计主体地位。因此，应该区别独资企业与业主个人的经济活动，业主提款必须在企业账面上得到反映。

独资企业所有者权益在"业主资本"科目中核算。该科目贷方登记业主投入资本和作为业主资本的增加的盈利；借方登记亏损和业主提款，期末贷方余额为业主权益总额。

平时发生业主提款时应当先通过"业主提款"这一暂记性科目进行反映，年终结转业主资本，以便于业主进行资本状况变动分析。

（二）合伙企业的所有者权益

1. 合伙企业及其所有者权益的特征

由于个人资本数量限制等原因，许多小企业由若干个投资人合伙组建，如律师事务所、会计师事务所、诊疗所等。这种合伙企业与独资企业十分类似，其差别主要在于：合伙企业是由两个或两个以上的合伙人共同投资设立的，因此为了明确合伙人之间的权、责、利关系，必须订立合伙契约。在合伙契约中，需明确规定下列主要内容：损益分配原则；合伙人提款的具体规定；合伙企业解散与清算的程序等。与公司制企业相比，合伙企业主要有以下特征：

（1）合伙企业不是独立法人。合伙的形成不须经过正式的法律程序，由合伙人自愿结合。法律没有赋予合伙企业法人资格。因而，合伙企业的对外事务，都应以合伙人个人的名义进行。合伙企业是依附于合伙人而存在的，属于人合企业，合伙人一般都亲自参与企业的经营与管理。

（2）合伙人之间互为代理。除合伙契约另有规定者外，在合伙经营业务范围内，任何合伙人经办的业务，其他合伙人均应负责。每个合伙人都是其合伙组织的代理人，在正常营业范围内有权代表合伙企业签订合同，如签订购货合同、销货合同等。

（3）合伙人对企业负债负连带无限责任。作为一般合伙人，无论其投资金额多少或占投资总额的比重多高，每个合伙人都对合伙企业的债务承担全部清偿的责任，即连带无限责任。因而，合伙应以自愿为基础。新的合伙人的加入也必须经过全体合伙人的同意。

（4）合伙企业存在期间有限。合伙企业的形成是以合伙契约的签订为基础的。合伙人的死亡或退伙，都会宣告合伙契约终止。新的合伙人的加入，也同样宣告原合伙契约终止。作为会计主体依然遵循持续经营假设，会计记录连续进行。新的合伙契约的签订，意味着该组织已成为又一新的合伙企业了。

（5）合伙企业的任何财产归全体合伙人共有。合伙企业成立过程中，由各合伙人投入的资金，无论在形态上是货币资产还是非货币资产，一旦投入企业，它就不属于任何一个特定的合伙人，而是归全体合伙人共有。依附于该资产的重估升值和变卖损益，也不属于任何特定的合伙人，而属于合伙企业的损益。

（6）合伙企业不计缴企业所得税。由于合伙企业不是独立的纳税主体，它所实现的利润不纳企业所得税，而是作为业主个人所得，申报并缴纳个人所得税。

在所有者权益的会计处理方面，合伙企业与独资企业十分相似。合伙企业的所有者权益也不需要区分业主投资和经营赚取的利润。合伙人投入的资金，应当全部作为实收资本，分记在各合伙人名下。合伙人从企业提款，将减少该合伙人在企业中的资本。另外，合伙企业的损益，应按照合伙契约中所规定的方法来分配，然后分别转入各合伙人的资本账户。

2.合伙企业所有者权益的会计处理

综上所述，合伙企业组织与独资企业组织有很多相似之处，同样，合伙企业的会计也与独资企业会计十分类似。等同于多个独资企业的综合体，合伙企业会计必须为每一个合伙人开设一个"资本"科目（总账或明细账）和"提款"科目（总账或明细账），分别用于记录每一个合伙人的投资和提款的增减变化及余额。合伙人"提款"科目的功能类似股份公司的"股利分配"账户，记录年度内合伙人从企业提走的款项。会计年度终了，应将"提款"科目余额转到相应合伙人的"资本"科目。合伙企业的损益，在按照合伙契约规定的分配方案分配之后，将每一合伙人应享有的份额由"损益"科目结转到相应合伙人的"资本"科目。与股份公司会计不同，合伙企业会计不单独设置"留存利润"科目，而是将原始投入资本和各种原因引起的积累均合并记入"资本"科目。

合伙人除了向企业投资和从企业提款外，还可能与企业发生借贷往来。因此，应当另设合伙企业与合伙人之间的往来账户。这些往来应与企业同外界的往来分开记录。在资产负债表上，它们分别列作负债类的应付款和资产类的应收款，但须与企业同外界应付、应收款项分别列示。

合伙企业成立时，合伙人即按合伙契约所规定的条款将资产投入企业。就投入资产的形式而言，可以是现金，也可以是非现金资产。另外，如果合伙人（一个或多个）原本是独资企业的业主，那么，他也可以以原独资企业的资产和负债作为入伙的投资，即以全部投入资产的原账面价值（或重估价值）与全部负债之差额作为其投入资本。所以，就应将合伙人投入的资产借记有关资产账户，将转由合伙企业承担的负债贷记有关的负债账户；同时，将资产扣除负债后的差额作为其投入的净资产而贷记该合伙人的资本账户。合伙人投入的非现金资产，应按公允市价计价，并须经全体合伙人同意。

合伙企业的损益分配不同于股份公司，均为按出资额比例分配损益。合伙企业没有固定的规定，而是取决于合伙人的契约规定。通常，合伙损益可以按各合伙人投入资本的比例分配，也可以按一个固定的约定比例分配。如果合伙契约对损益分配未做规定，通常就认为合伙损益按合伙人平均分配。另外，合伙契约也可对盈利和亏损规定不同的分配比例。但是，如果契约只规定盈利分配比例。一般就认为亏损也按照同样的比例进行分配。

合伙企业因契约期满停止经营，或由于全部转让给别人经营，或由于其他原因而经全体合伙人同意停止经营时，就需要进行清算。合伙企业清算的具体方法取决于合伙契约的规定。但一般而言，合伙企业清算的基本程序为：（1）出售合伙企业的全部非现金资产，使之变现；（2）将资产处置损益按规定的损益分配率在各合伙人之间进行分配，并转入各合伙人资本账户；（3）清偿所有债务；（4）将清偿债务后所余现金按各合伙人资本账户余额比例进行分配。

三、公司制企业实收资本的核算

公司是现代西方社会典型的企业组织形态。尤其是经营规模较大的企业，多采取公司的形式。公司制企业按照出资人即股东所负责任的不同，分为有限责任公司和股份有限公司等多种形式。其中，股份有限公司又是被广泛推崇的公司形式。

根据我国《公司法》的规定，我国的公司组织形式是指在中国境内设立的有限责任公司和股份有限公司。同时规定，国家授权投资的机构或者国家授权的部门可以单独投资设立国有独资的有限责任公司。这也是适合我国国情而产生的一种特殊的企业组织形式。因此，我国的公司组织可以分为国有独资公司、有限责任公司和股份有限公司三种形式。

1. 国有独资公司的投入资本

国有独资公司是指国家授权投资的机构或者国家授权的部门单独投资设立的有限责任公司。在我国，国务院确定的生产特殊产品的公司或者属于特定行业的公司，应该采用国有独资形式。这类公司的所有者是单一的，即国家所有。当前我国多数国有独资公司是由原来国有企业改制而成。在会计核算时，单独把国有独资公司作为一种类型，是因为这类企业组建时，所有者投入的资金，全部作为实收资本入账，投资者为单一投资者，也不会在追加投资时，为维持一定的投资比例而产生资本公积，也不会像股份有限公司那样发行股票产生股票溢价。

为了总括反映国家授权投资的机构或部门单位向国有独资公司投入资本的增减情况，应设置"实收资本"科目，该科目的贷方反映公司实际收到国家有关机构或部门单位投入公司的各种资产的价值；借方反映按规定程序减少注册资本的数额；期末贷方余额，反映代表国家投资的机构或部门单位实际投入的资金。

2. 有限责任公司的投入资本

有限责任公司（简称有限公司），是指由两个以上股东共同出资，每个股东以其所认缴的出资额对公司承担有限责任，公司以其全部资产对其债务承担责任的企业法人。有限责任公司股东的出资额，由股东协商确定。公司开办验资时，股东一次缴足全部资本，不允许分期缴款或向外招募。股东向公司出资股金，必须是现金或其他财产，一般不能以信用、劳务等出资。公司盈利，按章程规定的办法，通常实行按出资额在股东间分配。主要特征是：（1）公司不发行股票，资本由股东协商确定。除股东死亡，股东为经济法人企业破产的情况下，并经股东一致同意才能转让外，一般不允许在证券市场上出售。（2）设立程序比较简便，由两人或两人以上发起，股东缴足股金，依法便可成立，而且也不必公开它的营业报告，公司账目对外不公开。（3）股东可作为雇员参加管理，不一定设立股东会，内部组织机构设置灵活简便。（4）股东对公司的责任，以各自认缴的出资额为限，公司以其全部资产对其债务承担责任。股东只以其所认购的股份额对公司的债务承担责任，一旦公司破产或解散进行清算时，公司的债权人只能对公司的资产提出要求，而无权直接向股东起诉。（5）账目公开。（6）股东按其持股比例享受权利，承担义务，每股有一票表决权，同股同权，同股同利。（7）公司章程规范，不仅有强制性，而且带有比较严格的制裁措施。

有限公司与有限责任公司的主要区别是：有限公司的全部资本不分为等额股份；公司向股东签发出资证明而不发行股票；公司股东转让出资，需经股东会讨论通过；股东人数限制在2个以上50个以下；股份公司的全部资本划分为等额股份；以发行股票方式筹集资本；股票可以交易或转让；股东数量有下限，没有上限。

在会计核算上，股份公司应设置"股本"科目，用以核算股东投入公司的股本，并将核定的股本总额、股份总数、每股面值，在股本账户中做备查登记。为了反映公司股份的构成情况，应在"股本"科目下，按股票种类及股东单位或姓名设置明细科目。公司在核定的股本总额范围内，发行股票取得的相当于股票面值的部分，应当记入"股本"科目；发行股票取得的超过股票面值的部分（溢价），在扣除发行手续费、佣金等发行费用后，记入"资本公积"科目。若无溢价，或溢价不足以支付发行费用的部分，计入长期待摊费用，分期摊入成本费用。

境外上市公司以及在境内发行外资股的公司，按确定的人民币股票面值和核定的股份总额的乘积计算的金额，作为股本入账，按收到股款当日的汇率折合的人民币金额与按人民币计算的股票面值总额的差额，作为资本公积处理。

3. 实收资本的形式及计价

实收资本是指投资人作为资本投入到企业中的各种资产的价值。拥有一定量的资本是任何一个企业法人设立、开展其经营活动的前提。这些资本主要是由企业的投资者投入资本所形成的，在一般情况下无须偿还，可供企业长期周转使用。我国当前实行的是注册资本制度，要求企业的实收资本与其注册资本相一致。企业法人登记管理条例明确规定，除国家另有规定外，企业的注册资本应当与实有资金相一致。企业实有资金比注册资金数额增减超过 20% 时，应持资金使用证明或者验资证明，向原登记机关申请变更登记。企业不得擅自改变注册资金数额，也不得抽逃资金等。

投资者可以采用国家法律许可的各种形式向企业投资。在我国，投资者投入资本可以采取下列各种形式：

（1）以货币资金出资；

（2）以实物资产和有价证券投资；

（3）以无形资产投资。

根据《企业会计准则》规定，投资者投入的资本应当按实际投资数额计价入账。不同的投资形式，其实际投资数额的确定并不完全相同。具体而言，投资者以货币资金投入，则可以以实际收到或者存入企业开户银行的金额作为实收资本入账。若投资者以固定资产和流动资产等实物资产或无形资产投入，应当先对投资的实物或无形资产依照法律、法规的规定进行评估，再按资产评估确认后的价值入账。

4. 实收资本的增减变动的核算

一般情况下，企业的实收资本应相对固定不变，但在某些特定情况下，实收资本也可能发生增减变化。企业法人登记管理条例中规定，除国家另有规定外，企业的注册资本应当与实有资本相一致。该条例还规定，企业法人实有资本比原注册资本数额增加或减少超过 20% 时，应当持资金证明或者验资证明，向原登记机关申请变更登记。这表明，企业的实收资本，一般情况下不得随意增减，如有必要增减，首先应具备一定的条件。

（1）实收资本增加的核算

公司增加注册资本需要经过股东会议代表有三分之二以上表决权的股东通过，并修改公司章程。一般企业增加资本的途径主要有三条：第一，资本公积转增为实收资本，会计核算应借记"资本公积"，贷记"实收资本"。第二，盈余公积转增为实收资本，会计核算借记"盈余公积"，贷记"实收资本"。将资本公积、盈余公积转增为实收资本时应按股东持有的股份比例增加各股东的股权，国有独资企业可直接结转。第三，投资者追加投资。这里的投资者包括原投资和新投资者，企业应在收到投资者投入的资金时，借记"银行存款""固定资产""原材料"等，贷记"实收资本"等。

股份公司可以以发放股票股利的方法实现增资。股票上市公司多采用这种方式。

（2）实收资本减少的核算

减少注册资本需要满足以下条件：①企业减资，应当事先征得债权人同意；②经股东会决议同意，并修改公司章程；③减资后的注册资本不得低于法定注册资本的最低限额。

实收资本减少有两种情况：一是资本过剩；二是企业发生重大亏损。企业因资本过剩而减资，按发还股东的数额，借记"实收资本"，贷记"银行存款"；企业因严重亏损而减资，借记"实收资本"，贷记"利润分配——未分配利润"。从理论上说，实收资本与未分配利润都是所有者权益，这样调整并不影响所有者权益总额，但是按照无利不分的规定，企业若有未弥补亏损，不得分发股利。企业发生的亏损，短期内如果不能以利润、盈余公积金弥补，即使以后有了利润也不得分发股利。企业长期不发股利，会动摇投资者的信心，因而用实收资本弥补亏损后，企业可以轻装上阵全力以赴进行经营以求发展。

股份有限公司为了减少其资本，经有关机构批准可以回购本公司的股票，但回购的股票应在10日内注销。由于使用的是发行股票的方式筹集股本，还股款时，则要回购发行的股票，发行股票的价格与股票面值可能不同，回购股票的价格也可能与发行价格不同，对此会计核算方法有两种：成本法和面值法。在会计实务中，成本法的应用较为普遍。我国规定用成本法对回购股票进行处理。收购本企业股票时，应当按面值注销股本。超出面值付出的价格，可区别情况处理；收购的股票凡属溢价发行的，则首先冲销溢价收入；不足部分，凡提有盈余公积的，冲销盈余公积；如盈余公积仍不足以支付收购款的，冲销未分配利润。凡属面值发行的，直接冲销盈余公积、未分配利润；已回购股本金额低于面值的部分，应增加超面值缴入股本，即资本公积金。

库存（藏）股票：股份公司已发行的股票，其中有一部分以后可能由于公司的重新购回或其他原因（如股东捐赠而由公司自己持有，这种不是为了注销而由公司重新取得并持有的股票，称为库存股票。从已发行股份中扣除库存股份，才是当时仍由股东持有的股份。库存股票不是资产，因为公司自己不能投资自己，公司不能通过购买自己的股票确认利得或损失。因此，库存股票视为公司股东权益的减少。库存股票没有投票权，没有优先认股权，也没有利润分配权和财产清算权，但参与股票的分析。股份公司拥有库存股票，主要是为了：（1）满足雇员报酬合同的需要；（2）为应付可能潜在的被收购兼并之需；（3）减少外发股份以提高每股盈余；（4）影响公司股票交易活动及股价；（5）满足日后可能的吸收合并所需；（6）合同规定。

在我国，《公司法》规定，公司除因减少资本而注销股份或者与持有本公司股票的其他公司合并外，不得收购本公司的股票，因而在我国，对股东权益的会计处理中不会出现库存股票的问题。

四、资本公积

资本公积是指所有者所共有的、非收益转化而形成的资本，是公司所有者权益的组成部分。资本公积由全体股东享有。资本公积在转增资本时，按照各个股东在实收资本中所占的投资比例计算的金额，分别转增各个股东的股本金额。资本公积与盈余公积不同，盈余公积是从净利润中取得的，而资本公积的形成有其特定的来源，与企业的净利润无关。

在我国，资本公积的内容主要包括：资本溢价和股本溢价、接受捐赠资产、外币资本折算差额等。资本公积有其不同的来源，企业应当根据资本公积形成的来源，分别进行账务处理。会计核算上应设置"资本公积"科目，用以反映资本公积的增减变动情况。增加资本公积贷记本账户，减少资本公积借记本科目。余额在贷方，表示企业拥有的资本公积。该科目一般应设置下列明细科目：

① "资本公积——股本溢价"，核算和反映企业实际收到的股本大于注册资本的金额。

② "资本公积——接受现金捐赠"，核算和反映企业接受的现金捐赠。

③ "资本公积——接受捐赠非现金资产准备"，核算和反映企业接受非现金资产捐赠的价值，扣除未来应交所得税后的余额，在未转入"资本公积——其他资本公积"明细科目前计入资本公积的准备金额。

④ "资本公积——股权投资准备"，核算和反映企业对被投资单位的长期股权投资采用权益法核算时，因为被投资单位接受资产捐赠等原因增加的资本公积，企业按其持股比例计算而增加的、未转入"资本公积——其他资本公积"前所形成的股权投资准备。采用权益法核算时，被投资单位资本公积中形成的股权投资准备，企业按其持股比例计算的部分，也在本明细科目核算。

⑤ "资本公积——拨款转入"，核算和反映企业收到国家拨入的专门用于技术改造、技术研究等的拨款项目完成后，按照规定转入资本公积的部分。

⑥ "资本公积——外币资本折算差额"，核算和反映企业接受外币投资时所采用的汇率不同而产生的资本折算差额。

⑦ "资本公积——其他资本公积"，核算和反映企业除上述各项资本公积以外所形成的资本公积，以及从资本公积准备项目转入的金额。债务重组时，由债权人豁免的债务，以及确实无法支付的应付款项，也在本明细科目核算。

上述资本公积明细科目中的各种明细科目，如股权投资准备、接受捐赠资产准备等，是所有者权益的一种准备，在未实现前，即在未转入"资本公积——其他资本公积"明细科目前，不可用于转增资本（或股本）。

（一）资本溢价或股本溢价

资本溢价是指股东缴付的出资额大于注册资本而产生的差额。股东的出资额决定了该出资者在企业中应当享有的权利和承担的义务。为了明确记录股东认缴的出资额，真实反映各股东对企业享有的权利和义务，公司设置了"实收资本"科目，核算投资者按照合同、协议或公司章程所规定的出资比例实际缴付的出资额。若股东实际的出资额大于这一规定的出资比例，为了维护各股东的权益，这一差额作为资本公积处理。

资本溢价通常发生在企业追加新的投资（包括新的投资者加入和原有投资者按与以往不同比例增资）而使原有资本比例发生变化的情况下。这是因为，企业创立之初，要经过筹建、试生产经营、为产品寻找市场、开拓市场等过程，从而投入的资金需要承担较大的风险和费用，其利润率通常也较低。企业正常经营后，通常经营风险降低，利润率提高。此外，企业经过一段时期的经营之后，利润积累增加了所有者权益，但并未转增资本。鉴于以上原因，新加入的资本欲与原有资本获得同样的权利，必须对原有资本提供补偿，新加入的投资者要付出大于原有投资者的出资额，才能取得与原投资者相同的投资比例，这就是资本溢价。

上市公司配股或增发新股：上市公司的股东以其所拥有的其他企业的全部或部分股权作为配股资金，或作为认购新股的股款的，上市公司所接受的股权，应当按照配股或增发新股所确定的价格，确认为初始股权投资成本，按照该股东配股或增发新股所享有的股份面值总额作为股本，其差额作为资本公积（股本溢价）；上市公司的股东以实物资产和可辨认的无形资产作为配股资金，或作为认购新股股款的，上市公司所接受的实物资产和可辨认的无形资产，应该按照配股或增发新股所确定的价格作为其接受资产的成本，按照该股东配股或增发新股所享有的股份面值总额作为股本，其差额作为资本公积（股本溢价）。

（二）接受捐赠资产

接受捐赠是指企业接受捐赠人捐赠的资产。捐赠是捐赠人对企业的援助行为，但由于捐赠人援助后并不一定谋求对企业的资产请求权，也不会由于其捐赠资产行为对企业承担责任。所以捐赠人不是企业的股东，这种援助也不形成企业的实收资本。但这种援助会使企业的经济资源增加。我国《企业会计准则》规定，企业接受捐赠的资产价值作为资本公积，为所有者所共有，属于所有者权益，会计上记入"资本公积"账户。

接受捐赠的资产可以分为现金资产和非现金资产两部分。接受非现金资产捐赠，因其待处置时要交纳所得税，因而，在所接受的非现金资产尚未处置前所形成的资本公积作为资本公积的准备项目。此外，从会计核算角度考虑，在企业持续经营情况下，在接受捐赠非现金资产时，比如接受固定资产、原材料等捐赠时，没有实际的货币流入，这时可将捐赠视为一种投资行为，将接受捐赠的实物资产价值扣除未来应交所得税后的差额暂记在"资本公积——接受捐赠非现金资产准备"科目中；在处置该项捐赠的实物资产或使用时，由于该项资产上的所有收益已经实现，应当将原记"资本公积——接受捐赠非现金资产准备"科目的金额转入"资本公积——其他资本公积"科目。

如果企业接受货币性捐赠，应将接受捐赠的货币性捐赠资产扣除应交所得税后的余额直接计入"资本公积——接受现金捐赠"科目。

（三）股权投资准备

股权投资准备，是企业对被投资单位的长期股权投资采用权益法核算时，因为被投资单位接受资产捐赠等原因增加的资本公积，企业按其持股比例计算而增加的资本公积。它是未转入"资本公积——其他资本公积"前所形成的股权投资准备。采用权益法核算时，被投资单位资本公积中形成的股权投资准备，企业按其持股比例计算的部分，也在本明细科目核算。

企业采用权益法核算长期股权投资时，长期投资的账面价值财务会计将随着被投资单位所有者权益的增减而增减，使长期股权投资的账面价值与应享有被投资单位所有者权益的份额基本保持一致。因而，被投资单位接受资产捐赠等形成的属于准备性质的资本公积，企业应按其持股比例计算应享有的份额，增加长期股权投资和资本公积的准备项目，待处置长期股权投资时，再将其余额转入"资本公积——其他资本公积"明细科目。

（四）拨款转入

拨款转入，是国家对某些国有企业拨入的专项用于技术改造、技术研究等项目的拨款。在该拨款项目完成后，形成资产的拨款部分，转作资本公积。在我国，国家对某些行业或企业拨出专款，专门用于企业的技术改造、技术研究等项目，在收到拨款时，暂作长期负债处理。待该项目完成后，属于费用而按规定予以核销的部分，直接冲减长期负债；属于形成资产价值的部分，从理论上讲应视为国家的投资，增加国家资本，但因增加资本需要经过一定的程序。因而，暂计资本公积，待转增资本时再减少资本公积。在转增资本公积前，形成资本公积的一项来源。

（五）外币资本折算差额

外币资本折算差额是指企业接受外币投资时，外币资产采用不同折合汇率产生的差额。在我国，企业通常以人民币为记账本位币，在收到外币资产时需要将外币资产价值折合为人民币记账。在将外币资产折合为人民币记账时，其折合汇率按下列原则确定：

1. 对于各项外币资产账户，一律按收到出资额当日的汇率折合。

2. 对于实收资本账户，合同约定汇率的，按合同约定的汇率折合；合同没有约定汇率的，按照收到出资额当日的汇率折合。由于有关资产账户与实收资本账户所采用的折合汇率不同而产生的人民币差额，做资本公积处理。企业收到投资者投入的外币资产，按照收到出资额当日的汇率折合的人民币金额，借记有关资产科目，按合同约定汇率或按收到出资额当日的汇率折合的人民币金额，贷记"实收资本"，按收到出资额当日的汇率折合的人民币金额与按合同约定汇率折合的人民币金额之间的差额，借记或贷记"资本公积——外币资本折算差额"。

第五章 税收分析的常用指标

第一节 宏观税收分析的常用指标

一、经济指标

经济指标是指描述宏观国民经济情况的各项数据指标，反映涉税经济活动的资源状况、运行状况和资金流量状况。这些指标往往是由从众多国民经济统计指标中抽取的、可以作为计税依据的经济量化指标组成，也可以是反映经济活动总量的指标。

主要包括：

1. 国内（地区）生产总值（GDP）指一个国家（或地区）所有常住单位在一定时期内生产活动的最终成果。国内生产总值有三种表现形态，即价值形态、收入形态和产品形态。在实际核算中，国内生产总值有三种计算方法，即生产法、收入法和支出法，三种方法分别从不同的方面反映国内生产总值及其构成。

（1）生产法：从生产过程中生产的货物和服务总产品价值入手，排除生产过程中投入的中间产品的价值，得到增加价值的一种方法。计算公式为：

增加值 = 总产出 − 中间投入

（2）收入法，也称分配法，按收入法计算国内生产总值是从生产过程创造收入的角度，对常住单位的生产活动成果进行核算。按照这种计算方法，增加值由劳动者报酬、生产税净额、固定资产折旧和营业盈余四个部分组成。计算公式为：

增加值 = 劳动者报酬 + 生产税净额 + 固定资产折旧 + 营业盈余

（3）支出法：从最终使用角度来反映国内生产总值最终去向的一种方法。计算公式为：

增加值 = 最终消费支出 + 资本形成总额 + 货物和服务净出口

2. 产业增加值指第一、第二、第三产业常住单位生产过程创造的新增价值和固定资产的转移价值。它可以按生产法计算，也可以按收入法计算。各产业部门增加值求和即国内（地区）生产总值。按照国民经济行业分类（GB/T 4754-2011）标准，我国产业的划分是：第一产业为农业（包括农、林、牧、渔业）；第二产业为工业（包括采矿业，制造业，电力、热力、燃气及水生产和供应业）和建筑业；第三产业为除第一、第二产业以外的其他各行业。

3. 工业增加值指工业企业在报告期内以货币表现的工业生产活动的最终成果。工业增加值有两种计算方法：一是生产法，二是收入法。生产法是工业总产出减去工业中间投入加上应交增值税。收入法是从收入的角度出发，依据生产要素在生产过程中应得到的收入份额计算，这种方法也称要素分配法，计算公式为：工业增加值＝固定资产折旧＋劳动者报酬＋生产税净额＋营业盈余。

规模以上工业企业的工业增加值可按行业大类、登记注册类型、企业规模等细分，由此可得到各行业（工业）增加值、各登记注册类型（工业）增加值等经济指标。

4. 工业总产值是指以货币表现的工业企业在一定时期内生产的已出售或可供出售工业产品总量，它反映一定时间内工业生产的总规模和总水平。工业产值包括：在本企业内不再进行加工，经检验、包装入库（规定不需包装的产品除外）的成品价值；对外加工费收入；自制半成品、在产品期末期初差额价值。工业总产值采用"工厂法"计算，即以工业企业作为一个整体，按照企业工业生产活动的最终成果来计算，企业内部不允许重复计算，不可把企业内部各个车间（分厂）生产的成果相加。但在企业之间、行业之间、地区之间存在着重复计算。

5. 总产出指一定时期一个国家（或地区）常住单位生产的所有货物和服务的价值，既包括新增价值，也包含被消耗的货物和服务价值以及固定资产货物和服务的价值。总产出按生产者价格计算，它反映常住单位生产活动的总规模。

6. 中间投入指常住单位在生产或提供货物与服务过程中，消耗和使用的所有非固定资产和服务的价值。中间投入也称为中间消耗，一般按购买者价格计算。

7. 最终消费指常住单位在一定时期内对货物和服务的全部最终消费支出，也就是常住单位为满足物质、文化和精神生活的需要，从本国经济领土和国外购买的货物和服务的支出；不包含非常住单位在本国经济领土内的消费。最终消费分为居民消费和政府消费。

8. 资本形成总额指常住单位在一定时期内获得减去处置的固定资产和存货的净额，包括固定资本形成总额和存货增加两部分。

9. 固定资产形成总额指常住单位购置、转入和自产自用的固定资产价值，扣除销售和转出的价值，包含有形固定资产形成总额和无形固定资产形成总额。有形固定资产形成总额包括一定时期内完成的建筑工程、安装工程和设备工器具购置（减处置）价值，商品房销售增值，土地改良形成的固定资产，新增役、种、奶、毛、娱乐用牲畜和新增经济林木价值。无形固定资产形成总额包括矿藏勘探、计算机软件、娱乐和文学艺术品原件等获得（减处置）的价值。

10. 存货增加指常住单位存货实物量变动的市场价值，即期末价值减期初价值的差额。存货增加可以是正值，也可以是负值；正值表示存货上升，负值表示存货下降。它包含生产单位购进的原材料、燃料和储备物资等存货，以及生产单位生产的产成品、在制品等存货。

11. 货物和服务净出口指货物和服务出口减货物和服务进口的差额。出口包括常住单位向非常住单位出售或无偿转让的各种货物和服务的价值。进口包括常住单位从非常住单位购买或无偿得到的各种货物和服务的价值。因为服务活动的提供与使用同时发生，从而服务的进出口业务并不发生出入境现象，一般把常住单位从国外得到的服务作为进口，非常住单位从本国得到的服务作为出口。货物的出口和进口都按离岸价格计算。

12. 劳动者报酬指劳动者因从事生产活动所获得的全部报酬。它包括劳动者获得的各种形式的工资、奖金和津贴，既包括货币形式，也包括实物形式，还包括劳动者所享受的公费医疗和医疗卫生费、上下班交通补贴和单位直接支付的社会保险费等。对个体经济来说，其所有者所获得的劳动报酬和经营利润不易区分，这两部分统一作为劳动者报酬处理。

13. 生产税净额指生产税减生产补贴后的差额。生产税指政府对生产单位生产、销售和从事经营活动以及因从事生产活动使用某些生产要素，如固定资产、土地、劳动力所征收的各种税、附加费和规费。具体包括销售税金及附加、增值税、管理费中开支的各种税、应缴纳的养路费、排污费和水电费附加、烟酒专卖上缴政府的专项收入等。生产补贴与生产税相反，是政府对生产单位的单方面收入转移，因而视为负生产税处理，包括政策亏损补贴、粮食系统价格补贴、外贸企业出口退税收入等。

14. 固定资产折旧指一定时期内为弥补固定资产损耗，依照核定的固定资产折旧率提取的固定资产折旧，或按国民经济核算统一规定的折旧率虚拟计算的固定资产折旧。它反映了固定资产在当期生产中的转移价值。各种类型的企业和企业化管理的事业单位的固定资产折旧指实际计提并计入成本费用中的折旧费；不计提折旧的单位，如政府机关、非企业化管理的事业单位和居民住房的固定资产折旧则是依照统一规定的折旧率和固定资产原值计算的虚拟折旧。原则上，固定资产折旧应按固定资产的重置价值计算，但是当前我国尚不具备对全社会固定资产进行重新估价的基础，所以只能暂时采用上述办法。

15. 营业盈余是指常住单位创造的增加值扣除劳动者报酬、生产税净额和固定资产折旧后的余额。它相当于企业的营业利润加上生产补贴，但要扣除从利润中开支的工资和福利等。

16. 资产指企业拥有或控制的能以货币计量的经济资源，包括各种财产、债权和其他权利。资产按流动性分为流动资产、长期投资、固定资产、无形资产、递延资产和其他资产。

17. 负债指企业所承担的能以货币计量，将以资产或劳务偿付的债务，偿还形式包括货币、资产或提供劳务。负债一般按偿还期长短分为流动负债和长期负债。数据来源于企业会计报表——"资产负债表"中"负债合计"的期末数。

18. 主营业务收入指企业生产经营产品和提供劳务等主要经营业务取得的业务收入总和。数据来源于企业会计报表——"利润表"中对应指标的本年累计数。

19. 主营业务成本指企业生产经营产品和提供劳务等主要经营业务发生的实际成本。数据来源于企业会计报表——"利润表"中对应指标的本年累计数。

20. 主营业务税金及附加指企业生产经营产品和提供劳务等主要经营业务应负担的生

产性税金及附加。数据来源于企业会计报表——"利润表"中对应指标的本年累计数。

21. 主营业务利润指企业生产经营产品和提供劳务等主要经营业务收入扣除其成本、费用、税金后的利润。

22. 利润总额指企业生产经营活动的最终成果，是企业在一定时期内实现的盈亏相抵后的利润总额（亏损以"–"号表示）。计算公式为：

利润总额 = 营业利润 + 补贴收入 + 投资收益 + 营业外净收入 + 以前年度损益调整

23. 社会消费品零售总额指国民经济各行业直接售给城乡居民和社会集团的消费品总额。它响应各行业通过多种商品流通渠道向居民和社会集团供应的生活消费品总量，是研究国内零售市场变动情况、反映经济景气程度的重要指标。该指标按行业划分可得到批发和零售业、住宿和餐饮业等行业指标。

24. 商品销售总额指对本企业（单位）以外的单位和个人出售（包括对境外直接出口）的商品总额。它反映批发和零售业在国内市场上销售商品以及出口商品的总量，主要包含：（1）售给城乡居民和社会集团消费用的商品；（2）售给工业、农业、建筑业、运输邮电业、批发和零售业、餐饮业、服务业等作为生产、经营使用的商品；（3）售给批发和零售业作为转卖或加工后转卖的商品；（4）对国（境）外直接出口的商品。不包括出售本企业（单位）自用的废旧包装用品，未通过买卖行为付出的商品，经本单位介绍、由买卖双方直接结算、本单位只收取手续费的业务，购货退出的商品以及商品损耗和损失等。

25. 商品购进总额指从本企业（单位）以外的单位和个人购进（包括从境外直接进口）作为转卖或加工后的商品总额。它反映批发和零售业从国内、国外市场上购进商品的总量。主要包含：（1）从工农业生产者购进的商品；（2）从出版社、报社的出版发行部门购进的图书、杂志和报纸；（3）从各种登记注册类型的批发和零售企业（单位）购进的商品；（4）从其他单位购进的商品，如从机关、团体、企业等单位购进的剩余物资，从餐饮业、服务业购进的商品，从居民手中收购的废旧商品等；（5）从国（境）外直接进口的商品。不包含企业（单位）为自身经营使用和未通过买卖行为而收入的商品以及销售退回、商品升溢等。

26. 进出口总额指实际进出我国国境的货物总金额。它包含对外贸易实际进出口货物，来料加工装配进出口货物，国家间、联合国及国际组织无偿援助物资和赠送品，华侨、外籍华人等捐赠品，租赁期满归承租人所有的租赁货物，进料加工进出口货物，边境地方贸易及边境地区小额贸易进出口货物（边民互市贸易除外），中外合资企业、中外合作经营企业、外商独资经营企业进出口货物和公用物品，到、离岸价格在规定限额以上的进出口货样和广告品（无商业价值、无使用价值和免费提供出口的除外），从保税仓库提取在中国境内销售的进口货物，以及其他进出口货物。该指标可以观察一个国家在对外贸易方面的总规模。我国规定出口货物按离岸价格统计，进口货物按到岸价格统计。

27. 国内（地区）生产总值指数指一个国家（或地区）的国内（地区）生产总值的增长速度。具体计算可用上一年或指定一年数据为基数。同理可计算各地区工业总产值指数。

28. 价格指数＝生产价格指数＋消费价格指数。生产价格指数主要是从生产者角度进行的统计，比如工业品出厂价格指数，原材料、燃料、动力购进价格指数等；消费价格指数主要是从消费者角度进行的统计，比如居民消费价格指数、商品零售价格指数等。一般来说，生产者价格的变化要先于消费价格变动，换句话说，生产者价格变动往往会引起消费价格的变动。

29. 居民消费价格指数是反映一定时期内城乡居民所购买的生活消费品和服务项目价格变动趋势和程度的相对数，是对城市居民消费价格指数和农村居民消费价格指数进行综合汇总计算的结果。该指数可以观察和分析消费品的零售价格和服务项目价格变动对城乡居民实际生活费用支出的影响程度。

30. 工业品出厂价格指数是从生产角度反映当月国内市场的工业品价格与上年同月的价格相比的价格变动。当前，我国以工业品出厂价格替代生产者价格。与居民消费价格指数相比，工业品出厂价格指数只反映了工业品出厂价格的变动情况，没有包括服务价格的变动；它的变动要比居民消费价格剧烈一些。

31. 商品零售价格指数是反映一定时期内城乡商品零售价格变动趋势和程度的相对数。商品零售价格的变动直接影响到城乡居民的生活支出和国家的财政收入，影响居民购买力和市场供需的平衡，影响到消费与积累的比例关系。因而，该指数可以从一个侧面对上述经济活动进行观察和分析。

32. 基尼系数是反映收入分配平等程度的指标。基尼系数为 0 表示收入分配绝对平等，为 1 表示收入分配绝对不平等。基尼系数界于 0~1 之间变动，越大就表明不平等程度越大，越小就表明收入分配越平等。基尼系数在 0.2 以下表示高度平等；0.2~0.3 之间表示相对平等；0.3~0.4 之间表示分配相对合理；0.4~0.5 之间表示差距偏大；0.5 以上表示差距悬殊。0.4 被作为一般警戒线。

33. 景气指标（预测宏观经济走势的重要指标）主要分为两类：

第一类指标是通过对现有宏观经济指标的分析，挑选出最能反映宏观经济运行特点的指标，依照各自的权重，统一加总为一个总指数，判断并预测经济形势。如国家统计局的"国经指数"、国家信息中心的"中经指数"、卡斯特经济评价中心的"卡斯特指数"等。（1）国经指数，由国家统计局负责编制。选择先行指数 4 个，包含全国钢产量、基本建设新开工项目数、广义货币 M2、10 种有色金属产量；同步指数 4 个，包括狭义货币 M1、消费品零售额、工业生产增长率、海关出口总额。在此基础上用合成指数分别计算先行指数和同步指数，两个指数合起来称"国经指数"。（2）中经指数，由国家信息中心负责编制。选择同步指数 12 个，包含现价工业增加值、工业产品销售率、农资基础产品指数（各种化肥产量、农药产量、合成氨产量、农膜产量的复合指数）、社会消费品零售总额、固定资产投资完成额、商品房销售额、货运量、财政支出、海关进出口总额、狭义货币 M1、金融机构各项贷款、社会需求指数（复合指数），编制不同合成指数，称为中经指数。（3）卡斯特指数，由卡斯特评价中心负责编制。选择先行指数 7 个，包括钢产量、银行各项贷款总额、出口总额等；同步指数 6 个，包括工业生产总值、社会消费品零售额、狭义货币 M1、银行工资和其他个人支出、汽车产量、基建投资总额；滞后指数 5 个，包含零售价格指数、国家财政支出、预算内工业企业销售收入、铁路货运量和城镇居民储蓄存款余额。在此基础上，计算先行和同步指数，统称为卡斯特指数。

第二类指标是通过调查问卷设置问题对特定的调查对象如企业家、消费者等进行的景气或信心调查，通过对统计汇总的结果进行相应的处理，得出相应的指数。如国家统计局企业调查总队的企业景气指数、企业家信心指数，国家统计局中国经济景气监测中心的消费者信心指数等。（1）企业景气指数和企业家信心指数通过对部分企业家定期进行问卷调查，并依据企业家对宏观经济状况及企业生产经营状况的判断和预期来编制景气指数，从而准确、及时地反映宏观经济运行和企业生产经营状况，预测经济发展的变动趋势。以企业景气指数为例，景气指数的数值介于 0 和 200 之间，100 为景气指数的临界值，当景气指数大于 100 时，表明经济状况趋于上升或改善，处于景气状态；当景气指数小于 100 时，表明经济状况趋于下降或恶化，处于不景气状态。（2）消费者信心指数通过对消费者定期进行问卷调查，依据消费者对未来消费的判断和预期来编制。消费者信心指数由消费者预期指数和满意指数组成。其中，预期指数反映消费者对家庭经济状况和总体经济走向的预期，满意指数反映消费者对目前经济状况和耐用消费品购买时机的评价，而信心指数则综合描述消费者对当前经济状况的满意程度和未来经济走向的信心。当前编制的消费者信心指数以 1997 年为基期，动态反映消费者信心指数的变化。这个数值越高，表明消费者的信心越强，这个数值越低，表明消费者的信心越弱。

34. 可比价格指计算各种总量指标所采用的扣除了价格变动因素的价格，可进行不同时期总量指标的对比。按可比价格计算总量指标有两种方法：（1）直接用产品产量乘某一年的不变价格计算。（2）用价格指数进行缩减。

35. 不变价格指以同类产品某年的平均价格作为固定价格，用于计算各年的产品价值。按不变价格计算的产品价值消除了价格变动因素，不同时期对比可以反映生产的发展速度。

36. 平均增长速度。我国计算平均增长速度有两种方法：一是习惯上经常使用的"水平法"，也称几何平均法，是以间隔期最后一年的水平同基期水平对比来计算平均每年增长（或下降）速度。二是"累计法"，也称代数平均法或方程法，是以间隔期内各年水平的总和同基期水平对比来计算平均每年增长（或下降）速度。在一般正常情况下，两种方法计算的平均每年增长速度比较接近；但在经济发展不平衡、出现大起大落时，两种方法计算的结果差别较大。除固定资产投资用"累计法"计算外，其余均用"水平法"计算。从某年到某年平均增长速度的年份，均不包括基期年在内。

平均增长速度也叫平均递增速度，它和平均发展速度统称为平均速度。平均速度是各个时期环比速度（即报告期水平与前一期水平对比计算的速度）的平均数，说明社会经济现象在较长时期内速度变化的平均程度。平均发展速度表示现象逐期发展的平均速度，平均增长速度则是反映现象逐年递增的平均速度。

二、税收指标

税收指标是指描述税收收入组织和入库情况的相关指标，可以反映税收估算、预算和实际征收入库情况。这些指标主要来源于各级税务局的收入规划核算部门的税收月快报、会计统计报表、综合征管软件系统、出口退税管理系统、重点税源企业监控、金税工程系统等。税收指标体系往往分为税收会计指标、税收统计指标和其他指标三大类。

（一）税收会计指标

税收会计指标主要包括待征类指标、应征类指标、减免类指标、入库类指标、查补类指标、代征代扣类指标等。

1. 待征类指标

待征类指标反映2001年5月1日以后发生的应征而未征的税收和其他收入，主要有"代征税收"和"代征其他收入"。待征类指标一般按照税种、来源设置。

2. 应征类指标

应征类指标反映纳税人向税务机关申报或由税务机关直接核定的、由海关代征的以及通过税务稽查、日常检查或财政、审计、司法等其他部门查处的，影响国家缴纳的各项税收和其他收入，主要包括"应征税收"和"应征其他收入"。应征类指标按税种和企业注册类型详细反映当年应征税收发生的情况。数据来源于各类纳税人填报的各税种纳税申报表、代扣代缴税款报告、预缴税款通知书、企业纳税定额申请核定表或应纳税款核定书、年（季度）纳税营业额申报核定表或定税清册、纳税定额税款通知书、核准停业通知书、申报（缴款）错误更正通知书、税务处理决定书或税务行政处罚决定书、税收行政复议决定书、审计决定书或财政监督检查处理决定书、法院判决书以及各种临时征收凭证等。

3. 减免类指标

减免类指标反映纳税义务发生后对纳税人减征、免征的税收及其他收入。一般按照税种和减免性质详细反映减免税收发生的情况。减免包含两部分内容：一是随申报和欠税抵顶减免而形成的征前减免；二是通过国库办理退税而形成的退库减免。数据来源于记载有减免税额的纳税申报表、抵顶欠税的减免税批准文件、办理减免退库的税收收入退还书或载有减免税退税的提退清单等。

4. 入库类指标

入库类指标反映国库已经收纳入库的税收和其他收入，一般按照政府预算收入科目有关款项和预算级次进行列示。数据来源于各种税收缴款书回执联（目前为电子信息）、预算收入日报表、更正通知书、免抵调库通知书以及收入退还书付账通知联等。该类指标中主要包含如下指标口径：

（1）税收收入反映税务部门征收入库的各项税收之和，不包含契税和耕地占用税，包含海关代征的增值税和消费税，未扣除产品出口退增值税和消费税。我们往往将税收收入中扣除"海关代征增值税和消费税"的税收口径，称为国内税收收入。国内税收收入再扣除"免、抵调增增值税"的税收口径，称为直接税收收入。通俗地讲，由税务局征收的税收，我们称为国内税收，由海关部门征收的税收，我们称为海关代征税收。如：国内增值税反映国家税务总局征收的一般增值税和按"先征后退"政策审批退库的国内增值税，以及按照"免、抵、退"有关政策规定办理的"免、抵调增增值税"。进口货物增值税，反映由海关部门代征的一般进口货物增值税、特定区域进口自用物资增值税和进口货物增值税税款滞纳金、罚款收入。我们将国内增值税和进口货物增值税之和，称为增值税收入；将国内增值税剔除"免、抵调增增值税"的增值税，称为增值税直接收入。

消费税收入包括国内消费税和进口消费品消费税。国内消费税是反映国家税务总局征收的国内消费税。进口消费品消费税是反映由海关部门代征的进口消费品消费税以及进口消费品消费税税款滞纳金、罚款收入。我们将国内消费税和进口消费品消费税之和，称为消费税收入。

（2）出口退税反映由税务部门审批退库的出口退增值税和消费税，以及免抵调减增值税之和。

（3）其他收入反映由税务部门征收入库的，除上述税收收入以外的其他各项财政收入之和。

5. 查补类指标

查补类指标按税种反映查补税金应征和入库及税款滞纳金、罚款收入入库的情况。数据来源于税务处理决定书或税务行政处罚决定书。

6. 代征代扣类指标

代征代扣类指标按税种和项目反映扣缴义务人根据税收法律法规代扣、代收代缴入库的税款，以及代征单位根据委托代征协议结报入库的代征税款。数据来源于"代征代扣税款登记簿"。

（二）税收统计指标

税收统计指标集中反映报告期末入库税款在各种经济类型、各种行业、各税目中的分布情况。主要按照税种、税目、项目、经济类型、行业指标等分类标准设置，包括税收总体指标、涉外税收指标、欠税呆账指标、增值税税源指标、减免税分项目指标等。

1. 税收总体指标

税收总体指标从总体上反映全部已入库税收资金在各经济类型、各行业、各项目中的分布情况，主要按税种、税目、项目、经济类型、行业等分类标准设置。比如：税收收入分行业分税种统计、税收收入分企业类型统计、各主要税种税收收入分行业分税种统计等。

2. 涉外税收指标

涉外税收指标综合反映港澳台投资企业、外商投资企业和外国企业以及外籍人员缴纳各项税收入库的情况。涉外税收主要按税种、分行业、分企业性质设置。

3. 欠税呆账指标

欠税呆账指标按税种、行业、企业类型反映报告期内实际欠税余额的情况。

4. 增值税税源指标

增值税税源指标按主要品目反映全部增值税纳税人增值税税源的情况。主要指标包括销售额和应纳税额。销售额又分为按适用税率征税货物及劳务销售额、按简易征收办法征税货物销售额、免抵退办法出口货物销售额、免税货物及劳务销售额。应纳税额主要包括销项税额、进项税额（上期留抵税额、进项税额转出、免抵退货物应退税额、按适用税率计算的纳税检查应补缴税额）、应抵扣税额、实际抵扣税额、期末留抵税额、按简易征收办法计算的应纳税额、应纳税额减征额。

5. 减免税分项目指标

减免税分项目指标按照税种、注册类型、减免类型及项目，反映报告期末减免税的情况。如减免税分税种分项目统计。

（三）其他指标

其他指标包含纳税户数统计和由税务部门负责征收的非税财政收入。纳税户数统计指标分行业、分经济类型设置，反映纳税人在国民经济各行业、各经济类型之间的分布情况。数据来源于税务登记证及其他征管资料等。非税财政收入统计反映教育费附加等财政资金的入库情况，这类指标分企业类型、分项目、按隶属关系分级次核算，数据来源于各种非税财政收入的征税凭证。

第二节　微观税收分析的常用指标

微观税收指标体系是指一组互相联系、用以系统概括说明纳税人税收经济关系、税收缴纳情况和税收征收管理工作状况的数据指标的集合。应用微观税收分析指标，微观上可以说明纳税人的税收缴纳情况，宏观上可以反映整体税收形势，考核评价税收征管工作。

1. 税源类指标

税源类指标是指描述税收源泉的经济指标，这些指标反映涉税经济活动的收入状况和所得状况，通常由作为计税依据的经济量化指标组成，也可以是反映经济活动总量的指标。

（1）产品产量指企业在会计核算期间主要生产产品的生产量，数据来源于企业的"产品生产统计表"。在采集时一般选择能代表企业基本情况的主要或重要产品，对产品种类比较复杂的企业应选择其最主要的几种产品。

（2）产品销量指企业在会计核算期间主要生产产品的销售量，数据来源于企业的"产品销售统计表"。在采集时应注意同产品产量指标保持对应关系。

（3）出口产品销量指企业在会计核算期间主要生产产品的出口销售量，数据来源于企业的"出口货物报关单"。

（4）营业收入指企业在从事销售商品、提供劳务和让渡资产使用权等日常经营业务过程中所形成的经济利益的总流入，分为主营业务收入和其他业务收入。数据来源于"企业所得税年度纳税申报表"中的"营业收入"栏。

（5）主营业务收入是指企业经营按照营业执照上规定的主营业务内容所发生的营业收入，如制造业的销售产品、非成品和提供工业性劳务作业的收入；商品流通企业的销售商品收入；旅游服务业的门票收入、客户收入、餐饮收入等。数据来源于"利润表"中的"主营业务收入"栏。

（6）其他业务收入是指企业主营业务收入以外的所有通过销售商品、提供劳务及让渡资产使用权等日常活动中所形成的经济利益的流入。如材料物资及包装物销售、无形资产转让、固定资产出租、包装物出租、运输、废旧物资出售收入等。

（7）营业成本指企业所销售商品或者提供劳务的成本。营业成本应该与所销售商品或者所提供劳务而取得的收入进行配比。营业成本又分为主营业务成本和其他业务成本。数据来源于"企业所得税年度纳税申报表"中的"营业成本"栏。

（8）营业税金及附加反映企业经营主要业务应负担的营业税、消费税、城市维护建设税、资源税、土地增值税和教育费附加等。数据来源于"企业所得税年度纳税申报表"中的"营业税金及附加"栏。

（9）销售费用指企业在销售产品、自制半成品和提供劳务等过程中发生的费用，包括由企业负担的包装费、运输费、广告费、装卸费、保险费、委托代销手续费、展览费、租赁费（不含融资租赁费）和销售服务费、销售部门人员工资、职工福利费、差旅费、办公费、折旧费、修理费、物料消耗、低值易耗品摊销以及其他经费等。数据来源于"企业所得税年度纳税申报表"中的"销售费用"栏。

（10）管理费用指企业为组织和管理企业生产经营所发生的各种费用。管理费用属于期间费用，在发生的当期就计入当期的损益。数据来源于"企业所得税年度纳税申报表"中的"管理费用"栏。

（11）财务费用是指企业在生产经营过程中为筹集资金而发生的各项费用，包含企业生产经营期间发生的利息支出（减利息收入）、汇兑净损失（有的企业如商品流通企业、保险企业进行单独核算，不包括在财务费用内）、金融机构手续费，以及筹资发生的其他财务费用如债券印刷费、国外借款担保费等。数据来源于"企业所得税年度纳税申报表"中的"财务费用"栏。

（12）利润总额是指企业在生产经营过程中各种收入扣除各种耗费后的盈余，反映企业在报告期内实现的盈亏总额。利润总额是衡量企业经营业绩的一项十分重要的经济指标。利润总额 = 营业利润 + 营业外收入 – 营业外支出。数据来源于"利润表"中的"利润总额"栏。

（13）工业总产值是指以货币形式表现的工业企业在报告期内生产的工业最终产品或

提供的工业性劳务活动的总价值量，它反映一定时间内工业生产的总规模和总水平。工业总产值＝成品价值＋对外加工费收入＋自制半成品、在产品期末期初差额价值。

（14）期初存货是指企业本期期初持有的以备出售，或仍然处在生产过程，或者在生产或提供劳务过程中将消耗的各类材料或物品的总称，包含各类材料、商品、在产品、半成品、产成品等。数据来源于"资产负债表"中的"存货"栏。

（15）期末存货是指企业本期期末持有的以备出售，或者仍然处在生产过程，或者在生产或提供劳务过程中将消耗的各类材料或物品的总称，包含各类材料、商品、在产品、半成品、产成品等。数据来源于"资产负债表"中的"存货"栏。

（16）劳动者报酬指劳动者因从事生产活动所获得的全部报酬。它包含劳动者获得的各种形式的工资、奖金和津贴，既包括货币形式的，也包括实物形式的，还包含劳动者所享受的公费医疗和医药卫生费、上下班交通补贴和单位支付的社会保险费等。

（17）全部从业人员平均人数指报告期内在企业内从事一定社会劳动并取得劳动报酬或经营收入的全部劳动力。数据来源于企业上报统计局的"工业企业主要经济指标表"的相应口径或企业用工花名册。

（18）职工工资总额是指各企业在一定时期内直接支付给本单位全部职工的劳动报酬总额。它包括计时工资、计件工资、奖金、津贴和补贴、加班加点工资、特殊情况下支付的工资，不包括劳动保险和职工福利方面的各项费用、离退休人员各项支出、午餐补助、计划生育、独生子女补贴等。数据来源于企业明细账。

（19）主要能源消费量是指各企业在生产过程中对能源类物资的消费数量或者金额，包括电力、煤炭、焦炭、天然气、原油等。数据来源于能源供应部门出具的消费单据或企业内部的物耗明细账。

（20）资产指过去的交易、事项形成并由企业拥有或者控制的资源。该资源预期会给企业带来经济利益，是企业、自然人、国家拥有或者控制的能以货币来计量的经济资源，包括各种收入、债权和其他资产。数据来源于企业"资产负债表"中的"资产总计"栏。

（21）所有者权益指所有者在企业资产中享有的经济利益，其金额为资产减去负债后的余额。所有者权益包括实收资本（或股本）、资本公积、盈余公积和未分配利润等。数据来源于企业"资产负债表"中的"所有者权益合计"栏。

（22）主营业务利润指主营业务收入减去主营业务成本和营业税金及附加后的金额。通常情况下，企业的主营业务利润应是利润总额的最主要的组成部分。数据来源于企业"损益表"中的"主营业务利润"栏。

（23）负债指过去的交易、事项形成的现时义务，履行该义务预期会导致经济利益流出企业，是企业所承担的能以货币计量、需以资产或劳务偿还的债务。数据来源于企业"资产负债表"中的"负债合计"栏。

（24）应收及预付款项指企业在日常生产经营过程中发生的各项债权，包括应收款项和预付账款等。数据来源于企业"资产负债表"中的"应收票据""应收账款""其他应收款""预付账款"栏。该指标主要用于衡量企业偿债能力等方面。

（25）期末企业资产总额指通过过去的交易、事项形成并被企业拥有或者控制的资源，该资源预期会给企业带来经济利益。数据来源于"资产负债表"中的"期末企业资产总额"栏。

（26）应收账款指除应收票据、预付账款以外的应收或者预付给其他单位和个人的款项，包括各种赔款、罚款、存款保证金、备用金、应向职工收取的各种垫付款项等。数据来源于"资产负债表"中的"应收账款"栏。

（27）流动资产指可以在1年或者超过1年的一个营业周期内变现或者耗用的资产，包括现金、各种存款、应收及预付款项、存货等。流动资产大于流动负债，一般表明短期偿债能力强，流动比率越高，企业资产的流动性越大，表示企业有足够变现的资产用于偿债。数据来源于"资产负债表"中的"流动资产"栏。

（28）流动负债指可以在1年或者超过1年的一个营业周期内偿还的债务，包括短期借款、应付票据、应付账款、应付工资、预收账款、应交税金、应付利润、其他应付款、预提费用等。数据来源于"资产负债表"中的"流动负债"栏。

（29）期末企业负债总额指通过过去的交易、事项形成的能以货币计量，需以资产或劳务偿付的义务。数据来源于"资产负债表"中的"期末企业负债总额"栏。

（30）营业利润是企业最基本经营活动的成果，也是企业一定时期获得利润中最主要、最稳定的来源。营业利润＝营业收入－营业成本－营业税金及附加－销售费用－管理费用－财务费用－资产减值损失＋公允价值变动净收益＋投资净收益。数据来源于"利润表"中的"营业利润"栏。

（31）营业利润率表明企业通过生产经营获得利润的能力，该比率越高表明企业的盈利能力越强。计算公式为：

营业利润率＝营业利润／营业收入×100%

（32）待摊费用指企业已经支出但应由本期和以后各期分别负担的分摊在1年以内的各项费用，如低值易耗品摊销、出租出借包装物摊销、预付保险费、应由销售产品分摊的中间产品税金、固定资产修理费用，以及一次购买印花票据和一次缴纳印花税税额孰高需要分摊的数额等。

（33）原材料费用、燃料费用、电力费用、劳务支出费用指企业在生产过程中对能源、原材料、动力、劳务等的消费数额。数据来源于各部门出具的消费清单或企业内部的明细账。

（34）按适用税率征税货物及劳务销售额指纳税人本期按适用税率缴纳增值税的应税货物和应税劳务的销售额（销货退回的销售额用负数表示），包括在财务上不做销售但按税法规定应缴纳增值税的视同销售货物和价外费用销售额，外贸企业作价销售进料加工复出口的货物以及税务、财政、审计部门检查按适用税率计算调整的销售额。数据来源于增值税一般纳税人"增值税纳税申报表"中的"适用税率征税货物及劳务销售额"栏。

（35）应税货物销售额指纳税人本期按适用税率缴纳增值税的应税货物的销售额（销

货退回的销售额用负数表示），包括在财务上不做销售但按税法规定应缴纳增值税的视同销售货物和价外费用销售额，以及外贸企业作价销售进料加工和出口的货物。数据来源于增值税一般纳税人"增值税纳税申报表"中的"应税货物销售额"栏。

（36）应税劳务销售额指纳税人本期按适用税率缴纳增值税的应税劳务的销售额。数据来源于增值税一般纳税人"增值税纳税申报表"中的"应税劳务销售额"栏。

（37）纳税检查调整的销售额指纳税人本期因税务、财政、审计部门检查，并按适用税率计算调整的应税货物和应税劳务的销售额。数据来源于增值税一般纳税人"增值税纳税申报表"中的"纳税检查调整的销售额"栏。

（38）按简易办法征收增值税货物的销售额（销货退回的销售额用负数表示）包括税务、财政、审计部门检查，并按简易征收办法计算调整的销售额。数据来源于增值税一般纳税人"增值税纳税申报表"中的"按简易征收办法征税货物销售额"栏。

（39）免、抵、退办法出口货物销售额指纳税人本期执行免、抵、退办法出口货物的销售额。实行"免、抵、退"管理办法的"免"税，是指对生产企业出口的自产货物，免征本企业生产销售环节的增值税；"抵"税，是指生产企业出口的自产货物所耗用原材料、零部件等应予退还的进项税额，抵扣内销货物的应纳税款；"退"税，是指生产企业出口的自产货物在当期内因应抵扣的进项税额大于应纳税额而未抵扣完的税额，经主管退税机关批准后予以退税。数据来源于增值税一般纳税人"增值税纳税申报表"中的"免、抵、退办法出口货物销售额"栏。

（40）流动资产余额指可以在1年以内或者超过1年的一个营业周期内变现或被耗用的资产，主要包括各种现金、银行存款、短期投资、应收及预付款项、待摊费用、存货等。数据来源于"资产负债表"中的"流动资产"总计栏。

（41）长期投资指除短期投资以外的投资，包括持有时间超过1年（不含1年）的各种股权性质的投资、不能变现或不准备随时变现的债券、其他债权投资和其他长期投资等。数据来源于"资产负债表"中的"长期投资"栏。

（42）短期投资指能够随时变现并且持有时间不会超过1年（含1年）的投资，包括股票、债券、基金等。短期投资的条件：一是能够在公开市场交易并且有明确的市价；二是剩余资金的存放形式，且保持其流动性和获利性。数据来源于"资产负债表"中的"短期投资"栏。

（43）固定资产原值指企业为生产商品、提供劳务、出租或经营管理而持有，使用期限超过1年，单位价值在2000元以上的有形资产。数据来源于"资产负债表"中的"固定资产原值"栏。

（44）预收账款指买卖双方根据协议商定，由购货方预先支付一部分货款给供应方而发生的一项负债。数据来源于"资产负债表"中的"预收账款"栏。

（45）流动负债余额指将在1年（含1年）或者超过1年的一个营业周期内偿还的债务。包括短期借款、应付票据、应付账款、预收账款、代销商品款、应付职工薪酬、应付福利费、应付股利、应交税金、其他应交款、其他应付款、预提费用、一年内到期的长期借款、代转资产价值等。数据来源于"资产负债表"中的"流动负债"总计栏。

（46）手续费收入、手续费支出指适用于执行"金融企业会计制度"的证券公司，核算证券公司向客户提供服务收取的手续费，以及向证券交易所等机构支付的手续费。数据来源于金融企业会计制度的"利润表"中的"手续费收入""手续费支出"栏。

（47）利息收入指纳税人购买各种债券等有价证券的利息、外单位欠款付给的利息以及其他利息收入。利息收入包括：购买各种债券等有价证券的利息（如购买国库券、重点企业建设债券、国家保值公债以及政府部门和企业发放的各类有价证券）、企业各项存款所取得的利息、外单位欠本企业款而取得的利息、其他利息收入等。

（48）贷款余额适用于执行"金融企业会计制度"的银行，用以核算银行贷款规模。数据来源于金融企业会计制度的"资产负债表"中的"短期贷款"和"中长期贷款余额"合计数。

（49）应收利息是指企业因债权投资而应收取的一年内到期收回的利息。数据来源于"资产负债表"中的"应收利息"栏。

（50）支付给职工以及为职工支付的现金反映企业实际支付给职工的现金以及为职工支付的现金，包括本期实际支付给职工的工资、奖金、各种津贴和补贴等。数据来源于"现金流量表"中的"支付给职工以及为职工支付的现金"栏。

（51）预计负债的含义包括该义务是承担的现时义务、该义务的履行很可能导致经济利益流出企业、该义务的金额能够可靠地计量。在税法中，预计负债一般不予确认，即不能抵扣应纳所得税。数据来源于"资产负债表"中的"预计负债"栏。

（52）未分配利润是企业未做分配的利润，分为年初未分配利润和年末未分配利润。它在以后年度可继续进行分配，在未进行分配之前，属于所有者权益的组成部分。从数量上来看，未分配利润是期初未分配利润加上本期实现的净利润，减去提取的各种盈余公积和分出的利润后的余额。数据来源于"利润及利润分配表"中的"年初未分配利润""年末未分配利润"栏。

（53）长期借款指企业向银行或其他金融机构借入的期限在1年以上（不含1年）或超过1年的一个营业周期以上的各项借款。数据来源于"资产负债表"中的"长期借款"栏。

（54）短期借款指企业为维持正常的生产经营所需的资金或为偿还某项债务而向银行或其他金融机构等外单位借入的、还款期限在1年以下（含1年）的各种借款。短期借款主要有经营周转借款、临时借款、结算借款、票据贴现借款、卖方信贷、预购定金借款和专项储备借款等。数据来源于"资产负债表"中的"短期借款"栏。

（55）预提费用核算企业在日常经营活动中发生的某些不需要当时支付的，但按照权责发生制原则属于当期的费用。数据来源于"资产负债表"中的"预提费用"栏。

（56）营业费用指企业在销售商品过程中发生的费用，包括企业销售商品过程中发生的运输费、装卸费、包装费、保险费、展览费和广告费，以及为销售本企业商品而专设的销售机构（含销售网点，售后服务网点等）的职工工资及福利费、类似工资性质的费用、业务费等经营费用。商品流通企业在购买商品过程中所发生的进货费用也包括在内。数据来源于"利润表"中的"营业费用"栏。

（57）本年投资所支付的现金指企业本年对外短期投资和长期投资所支付的货币资金。数据来源于"现金流量表"中的"投资所支付的现金"栏。

2. 税收类指标

税收类指标是指描述纳税人税收特征的相关指标，可以反映纳税人的税金缴纳状况。这些指标通常来源于纳税人的纳税申报表。

（1）销项税额指增值税纳税人销售货物和应税劳务，按照销售额和适用税率计算并向购买方收取的增值税税额。当期销项税额 = 当期销售额 × 适用税率。数据来源于增值税一般纳税人"增值税纳税申报表"中的"销项税额"栏。

（2）适用 17% 税率的销项税额指纳税人本期按 17% 的税率计征的销项税额。数据来源于增值税一般纳税人"增值税纳税申报表附列资料（表一）"中的"合计 17% 税率销项税额"栏。

（3）适用 13% 税率的销项税额指纳税人本期按 13% 的税率计征的销项税额。数据来源于增值税一般纳税人"增值税纳税申报表附列资料（表一）"中的"合计 13% 税率销项税额"栏。

（4）进项税额指纳税人购进货物或应税劳务所支付或者承担的增值税税额。购进货物或应税劳务包括外购（含进口）货物或应税劳务、以物易物换取货物、抵偿债务收入货物、接受投资转入的货物、接受捐赠转入的货物以及在购销货物过程当中支付的费用。数据来源于增值税一般纳税人"增值税纳税申报表"中的"进项税额"栏。

（5）上期留抵税额指纳税人前期尚未抵扣完，留待后期继续抵扣的进项税额。数据来源于增值税一般纳税人"增值税纳税申报表"中的"上期留抵税额"栏。

（6）进项税额转出指企业购进的货物发生非常损失（非经营性损失），以及将购进货物改变用途（如用于非应税项目、集体福利或个人消费等），其抵扣的进项税额应通过"应交税费——应交增值税（进项税额转出）"科目转入有关科目，不予以抵扣。数据来源于增值税一般纳税人"增值税纳税申报表"中的"进项税额转出"栏。

（7）免抵退货物应退税额指纳税人按照出口货物免、抵、退办法审批的应退税额。数据来源于增值税一般纳税人"增值税纳税申报表"中的"免抵退货物应退税额"栏。

（8）按适用税率计算的纳税检查应补缴税额指纳税人本期因税务、财政、审计部门检查按适用税率和征收率计算的纳税检查应补缴税额。数据来源于增值税一般纳税人"增值税纳税申报表"中的"按适用税率计算的纳税检查应补缴税额"栏。

（9）应抵扣税额指纳税人本期应抵扣进项税额的合计数。应抵扣税额 = 进项税额 + 上期留抵税额 − 进项税额转出 − 免抵退货物应退税额 + 按适用税率计算的纳税检查应补缴税额。数据来源于增值税一般纳税人"增值税纳税申报表"中的"应抵扣税额合计"栏。

（10）实际抵扣税额指纳税人本期实际抵扣的进项税额。如本期应抵扣税额小于销项税额，则实际抵扣税额等于本期应抵扣税额；如本期应抵扣税额大于销项税额，则实际抵扣税额等于销项税额。数据来源于增值税一般纳税人"增值税纳税申报表"中的"实际抵扣税额"栏。

（11）应纳税额指企业的应税收入乘以适用税率，减去依照税法关于税收优惠的规定减免和抵免的税额后的余额，应纳税额＝销项税额—实际抵扣税额。数据来源于增值税一般纳税人"增值税纳税申报表"中的"应纳税额"栏。

（12）适用4%、6%征收率的应纳税额指纳税人本期按简易征收办法计算并应缴纳的增值税税额，但不包括按简易征收办法计算的纳税检查应补缴税额。数据来源于增值税一般纳税人"增值税纳税申报表附列资料（表一）"中的"小计简易征收办法应纳税额"栏。

（13）期末留抵税额指纳税人在本期进项税额中尚未抵扣完，留待下期继续抵扣的进项税额。期末留抵税额＝应抵扣税额—实际抵扣税额。数据来源于增值税一般纳税人"增值税纳税申报表"中的"期末留抵税额"栏。

（14）简易征收办法计算的应纳税额指增值税一般纳税人，因行业的特殊性，无法取得原材料或货物的增值税进项发票，按照进销项目的方法核算增值税应纳税额后税负过高，因此对特殊的行业按照简易征收率征收增值税计算的应纳税额。数据来源于增值税一般纳税人"增值税纳税申报表"中的"简易征收办法计算的应纳税额"栏。

（15）按简易征收办法计算的纳税检查应补缴税额指纳税人本期因税务、财政、审计部门检查并按简易征收办法计算的纳税检查应补缴税额。数据来源于增值税一般纳税人"增值税纳税申报表"中的"按简易征收办法计算的纳税检查应补缴税额"栏。

（16）应纳税额减征额指纳税人本期按照税法规定减征的应纳税额。数据来源于增值税一般纳税人"增值税纳税申报表"中的"应纳税额减征额"栏。

（17）期初未缴税额指纳税人上期期末应缴未缴的税额，为纳税人前一申报期的"期末未缴税额（多缴为负数）"减去本期发生的留抵税额抵减欠税后的余额。数据来源于增值税一般纳税人"增值税纳税申报表"中的"期初未缴税额"栏。

（18）本期已缴税额指纳税人本期实际缴纳的税额，但不包括本期入库的查补税款。数据来源于增值税一般纳税人"增值税纳税申报表"中的"本期已缴税额"。

（19）欠缴税额指纳税人、扣缴义务人超过征收法律，法规规定或税务机关依照税收法律、法规规定的纳税期限，未缴或少缴税款形成欠税的税额。数据来源于增值税一般纳税人"增值税纳税申报表"中的"欠缴税额"栏。

（20）期末未缴税额指纳税人本期期末应缴未缴的税额，但不包括纳税检查应缴未缴的税额。数据来源于增值税一般纳税人"增值税纳税申报表"中的"期末未缴税额"栏。

（21）纳税检查本期应补缴税额指纳税人本期因税务、财政、审计部门检查按适用税率和征收率计算的纳税检查应补缴税额。

（22）即征即退实际退税额指纳税人本期因符合增值税即征即退优惠政策规定，而实际收到的税务机关返还的税额。即征即退是指按税法规定缴纳的税款，由税务机关在征税时部分或全部退还纳税人的一种税收优惠。与出口退税先征后退、投资退税一并属于退税的范畴，其实质是一种特殊形式的免税和减税。

（23）本期入库查补税额指纳税人本期因税务、财政、审计部门检查而实际入库的税额，包括"按适用税率计算的纳税检查应补缴税额"和"按简易征收办法计算的纳税检查应补缴税额"两部分。

（24）内销货物计征消费税产品销售额指内销货物纳税人本期销售应税消费品取得的销售额及价外费用（不含增值税），数据来源于"消费税纳税申报表"中的"应税销售额"栏。

（25）内销货物免征消费税产品销售额指内销货物纳税人按照"中华人民共和国消费税暂行条例"及相关法律、法规规定应免征消费税的应税消费品销售额。数据来源于"消费税纳税申报表附列资料（三）"。

（26）出口货物免征消费税产品销售额指出口货物纳税人按照"中华人民共和国消费税暂行条例"及相关法律、法规规定应免征消费税的应税消费品销售额。数据来源于"消费税纳税申报附列资料（四）"。

（27）期初未缴消费税指纳税人上期期末应缴未缴的消费税额。数据来源于"消费税纳税申报表"中的"期初未缴税额"栏。

（28）消费税从价计征适用税率指"消费税税目税率（税额）表"及相关法规规定的比例税率或定额税率。数据来源于"消费税纳税申报表"中的"适用税率（单位税额）"栏。

（29）消费税从量计征适用单位税额指"消费税税目税率（税额）表"及相关法规规定的单位税额。数据来源于"消费税纳税申报表"中的"适用税率（单位税额）"栏。

（30）按政策规定减征的消费税税额指按照"中华人民共和国消费税暂行条例"及相关法规规定应减征消费税的应税消费品按规定税率与减征率计算的减征额。数据来源于"消费税纳税申报表"中的"本期减征税额"栏。

（31）本期应纳消费税税额指纳税人本期应缴纳的消费税税额。数据来源于"消费税纳税申报表"中的"本期应纳税额"栏。

（32）本期已缴消费税税额指纳税人本期已缴纳的消费税税额。数据来源于"消费税纳税申报表"中的"本期已预缴税额"与"本期应补（退）税额"的差额。

（33）期末未缴消费税指纳税人按照税法规定已欠缴消费税额。数据来源于"消费税纳税申报表"中的"期末未缴税额"栏。

（34）应纳税所得额指企业每一纳税年度的收入总额，减去不征税收入、免税收入、各项扣除以及允许弥补的以前年度亏损后的余额。应纳税所得额＝纳税调整后所得－弥补以前年度亏损金额－免税所得额＋应补税投资收益已缴所得额－允许扣除的公益救济性捐赠额－加计扣除额。数据来源于"企业所得税年度纳税申报表"中的"应纳税所得额"栏。

（35）纳税调整减少额指纳税人已计入利润总额，但按税法规定可以暂不确认为应税收入的项目金额，以及在以前年度进行了纳税调增，根据税收规定从以前年度结转过来在本期扣除的项目金额。包括不征税收入、免税收入、减征收入以及房地产开发企业已转销售收入的预售收入按规定计算的预计利润等。数据来源于"企业所得税年度纳税申报表（附表三）"。

（36）免税所得指纳税人已并入利润总额中核算的符合税收规定免税条件的收入或收益，包括国债利息收入，符合条件的居民企业之间的股息、红利等权益性投资收益，在中国境内设立机构、场所的非居民企业从居民企业取得与该机构、场所有实际联系的股息、红利等权益性投资收益，符合条件的非营利组织的收入。数据来源于"企业所得税年度纳税申报表"中的"免税所得"栏。

（37）营业税应税收入指纳税人本期因提供营业税应税劳务、转让无形资产或者销售不动产所取得的全部价款和价外费用（包括免税收入）。数据来源于"营业税纳税申报表"中的"应税收入"栏。

（38）营业税应税减除项目金额指纳税人本期提供营业税应税劳务、转让无形资产或者销售不动产所取得的应税收入中按规定可扣除的项目金额。数据来源于"营业税纳税申报表"中的"营业税应税减除项目金额"栏。

（39）营业税免税收入指纳税人本期提供营业税应税劳务、转让无形资产或者销售不动产所取得的应税收入中不需税务机关审批可直接免缴税款的应税收入或已经税务机关审批的免税项目应税收入。数据来源于"营业税纳税申报表"中的"营业税免税收入"栏。

3. 税收经济关系分析指标

税收经济关系分析指标是指建立税收与经济联系的关系指标，可以反应纳税人申报税收数据与其税源数据相关关系，是对纳税人开展纳税评估的重要参考数据。

（1）产品销售率指一定时期内销售产值与同期全部工业总产值之比，反映工业产品生产已实现销售的程度。通过分析企业产品销售率，可以弥补对企业产品产量进行分析所带来的税源分析误差。

（2）销售利润率指企业利润总额与产品销售净收入的比值，反映企业每百元销售净收入中有多少利润。销售利润率越高，说明销售获利水平越高。在产品销售价格不变的条件下，利润的多少受产品成本和产品结构等的影响。

（3）主营业务利润率指主营业务利润与主营业务收入的百分比，是评价企业核心竞争力的指标，可以用分析销售利润率的方法来分析企业主要业务的税源质量。

（4）资产收益率指企业净利润与平均资产总额的百分比。该指标反映企业一定时期的净利润与企业的资产利用的综合效果。指标值越高，表明资产的利用效率越高，说明企业在增加收入和节约成本等方面取得了良好的效果，反之亦然。

（5）资本保值增值率指企业期末所有者权益总额与期初所有者权益总额的比值，用以反映投资者投入企业资本的完整性和安全性。当该指标 ≥ 100% 时，表明投资人的所有者权益在企业经营过程中受到充分保障。

（6）存货周转率和存货周转天数是衡量和评价企业购入存货、投入生产、销售收回等各环节管理状况的综合性指标。用时间表示的存货周转率就是存货周转天数。存货周转次数越多，周转天数越少，存货周转速度越快，存货的占用越低，流动性就越强。

（7）总资产周转率指销售收入与平均资产总额的比值。以反映资产总额的周转速度。周转越快，反映资产利用效果越好，销售能力越强，从而反映出企业的偿债能力和盈利能力较强。

（8）主营业务收入增长率指报告期主营业务收入与基期主营业务收入之差和基期主营业务收入的比值，用以衡量企业的产品生命周期，判断公司发展所处的阶段。

（9）应税销售额变动率指纳税人当期销售额与基期销售额的差额同基期销售额的比值。销售额变动比率有正常范围，该范围是指纳税人在正常经营的前提下，期内销售额与上年同期或上季度比较，其变动比率所能达到的最大值。

（10）应税销售额变动率与应纳增值税额变动率弹性分析可以反映企业纳税方面存在的问题。一般来讲企业销售额的增长与应纳增值税的增长应当同步。

（11）主营业务成本变动率指报告期主营业务成本与基期主营业务成本差额对基期主营业务成本的比值。该指标综合反映企业主营业务成本的变化情况，主要提供与企业进项税金、产销率进行对比分析的依据。

（12）主营业务成本变动率与应税销售额变动率弹性分析反映：主营业务成本变动和销售额变动理论上是一致的，通过分析二者变化的弹性系数可以发现企业在增值税申报方面可能存在的问题。

（13）主营业务成本变动率与应纳增值税额变动率弹性分析反映：正常情况下二者应基本同步增长，比值应接近于1，该指标同样可以发现企业在增值税申报方面可能存在的问题。

（14）电量消耗率指企业电力消耗量与计税销售收入的比值。企业的电力消耗通常情况是较为稳定的，因此可以通过一个企业的电力消耗情况侧面了解企业的生产经营情况和申报计税收入的合理性。

（15）燃料消耗率指企业燃料费用与计税销售收入的比值。通过一个企业的燃料消耗情况，了解企业的生产经营情况和申报计税收入的合理性。

（16）增值税应缴税负率指一定时期（通常指一年）内企业应缴增值税额与计征增值税销售收入的比率。该指标主要用于测算一个企业增值税应缴税金与应税销售收入的比例关系，衡量企业增值税负担水平的高低。

（17）增值税实缴税负率指一定时期（通常指一年）内企业实缴增值税额所占计征增值税销售收入的比重。该指标主要用于测算一个企业实缴增值税与应税销售收入的比例关系，反映企业在一定时期内增值税实际负担水平。

（18）销售收入的销项税额负担率指销项税额与计征增值税销售收入的比值，主要用于测算一个企业"单位应税销售收入"与销项税额比例关系，通过具体分析税收优惠、税率变化等方面来量化说明不同时期指标的变动情况。

（19）销售收入的进项税额负担率指进项税额与计征增值税销售收入的比值，主要用于测算一个企业"单位应税销售收入"与进项税额的比例关系。

（20）销售收入的抵扣税额负担率指进项抵扣税额与计征增值税销售收入的比值，主要用于确定一个企业"单位应税销售收入"中进项抵扣税额比重的大小。

（21）销售收入的增值税贡献率指增值税（含免抵调库）与企业计征增值税销售收入的比值，主要用于反映企业"单位应税销售收入"中增值税收入方面对中央和地方财政的贡献情况。

（22）流动资产收入变动比率。收入变动比率是指本年收入减去上年收入后与上年收入的百分比。流动资产收入变动比率是指本年平均流动资产减去上年平均流动资产后与上年平均流动资产的百分比。该指标反映流动资产投入与收入是否匹配，进而判断收入是否真实。

（23）计税收入率指各项计税收入合计与各项收入总和的百分比。该指标综合反映企业在一定会计期间实现的总收入中剔除非计税收入后所含净税源的比重，可以从计税收入和非计税收入关系上分析税源质量。

（24）产量原材料配比率指本期耗用原材料同比增加率与本期产品产量同比增加率之差，同一行业在原材料耗用上基本是一致的，耗用多少原材料就会生产出多少产品。如果配比率过高，就要考虑企业是否隐瞒产品产量。

（25）所有者权益比率指企业所有者权益与资产总额的比值。所有者权益比率与资产负债率之和按同口径计算应等于1。所有者权益比率越大，负债比率就越小，企业的财务风险也就越小。该指标从侧面来反映企业长期财务状况和长期偿债能力。

（26）所有者权益与固定资产比率指所有者权益除以固定资产总额的比值。该指标是衡量公司财务结构稳定性的一个指标，反映购买固定资产所需要的资金有多大比例是来自所有者权益。

（27）固定资产比率指固定资产与资产总额的比值。该指标用来观察企业固定资产有无资金闲置之现象，从资金营运能力来看，固定资产比率越低，企业营运能力越强。

第六章　税收分析的基本方法

第一节　税收数据的处理方法

税收分析以国家的经济政策和税收政策为理论基础，以统计分析方法为分析工具，对调查、收集的税源和税收收入数据等统计资料进行加工整理，系统、定量地进行分析研究，从而认识税收收入的本质和规律性，并对税收未来的发展趋势做出科学的预测，为加强税收征收管理工作提供决策信息。税收数据处理方法是各类税收分析方法的基础。

一、税收数据的基本类型

（一）概念

税收数据是反映税收经济现象总体单位或总体综合数量特征的信息，具体包括反映总体单位特征的名称及具体表现，即标志及其标志表现。反映总体综合数量特征的概念和具体数值，即税收统计指标（税收统计数据）。

（二）标志的基本分类

1. 标志按其性质可以分为品质标志和数量标志

品质标志表示事物品质的特性，其具体表现是不能用数值表示的，如纳税人的经济类型、纳税人所属行业等。数量标志表示事物数量的特性，其标志表现可以用数值表示，如某个纳税人的纳税额、利润额等。品质标志主要用于分组，将性质不相同的总体单位划分开来，便于计算各组的总体单位数，计算结构和比例指标。数量标志既可用于分组，也可用于计算各种税收统计指标。

2. 标志按变异情况可以分为不变标志和可变标志

标志如果在总体各单位之间的具体表现完全相同，该标志就称为不变标志。如果某些标志在总体各单位的具体表现不完全相同，这些标志就称为变异标志或可变标志。

可变的数量标志又称变量。变量按变量值是否连续可分为离散变量与连续变量两种。离散变量的数值只能用自然数或整数单位计算，例如企业个数、职工人数、设备台数等。反之，在一定区间内可以任意取值的变量叫连续变量，其数值是连续不断的，相邻两个数值可做无限分割，即可取无限个数值。例如，纳税数额、工资薪金所得等为连续变量，其数值只能用测量或计量的方法取得。

（三）税收统计数据的构成及基本分类

1. 税收统计数据的构成

税收统计数据一般包括五项内容：

（1）数据名称。说明所反映现象数量特征的性质和内容，如"税收收入""GDP"等。

（2）数据值。是数据名称的结果体现，如 100。

（3）计量单位。分为名数和无名数两类：名数是指计量单位有具体名称，如实物计量单位（吨、千克等）、货币计量单位（万元、元等）、劳动计量单位（工时、工日等）；无名数只有抽象的名称或无名称，通常有系数、倍数、成数、百分数等。

（4）时间范围。说明数据是时期数据还是时点数据。

（5）空间范围。给数据必要的空间限制，如 2022 年税收收入 3000 亿元，没有说明空间范围，基本没有意义。

2. 税收统计数据的基本分类

税收统计数据一般可以分为截面数据、时间序列数据和面板数据。截面数据又称静态数据，它是指在同一时间对不同总体的数量表现进行观察而获得的数据。如 ×× 省 2012 年增值税、消费税、企业所得税收入分别为 1987 亿元、654 亿元和 1876 亿元，这就是截面数据，即在一个时间点处切开，观察各个税种的不同数值。时间序列数据又称为动态数据，它是指在不同时间对同一总体的数量表现进行观察而获得的数据。如 ×× 市 2006，2007、2008、2009、2010 年各年增值税收入分别为 123 亿元、234 亿元、345 亿元、456 亿元和 567 亿元，这就是时间序列数据，即观察不同时间点的具体数值。面板数据是截面数据与时间序列数据综合起来的一种数据类型，具有时间序列和截面两个维度，当这类数据按两个维度排列时，是排在一个平面上，只按一个维度排列在一条线上的数据有着明显的不同，整个表格像是一个面板，因此称为面板数据。

二、税收数据的加工整理

（一）税收数据的收集

税收分析工作是从收集税收数据开始的，我们要从数量上认识税收客观现象，必须先获取有用的税收数据。税收数据的收集是根据税收分析研究的目的与要求，运用科学的方法，有计划、有组织地收集税收统计数据资料的过程。税收统计数据收集方式一般可分为两种：一种是直接向纳税人收集反映调查单位的税收统计数据，即原始资料，也称初始资料；另一种是根据税收研究的目的，收集已经加工、整理过的说明总体现象的数据，一般称为次级资料或第二手资料。原始资料可以直接从纳税人的申报资料或征管信息管理系统中收集，或者采用科学的调查方法直接向纳税人进行调查收集；间接税收资料可以从新闻、网络、统计年鉴及社会其他相关部门收集取得。

（二）税收数据加工处理的意义

税收数据的加工处理，是根据税收分析研究的目的和任务，对收集到的原始资料进行科学的分类和汇总，对已初步加工的次级资料进行再加工，使其系统化、条理化、科学化，以反映所研究的税收现象总体特征的工作过程。

一方面，通过对收集的资料进行加工处理，使其成为系统化、条理化的综合资料，对总体内部规律性、内在联系和结构关系做出概括的说明。税收数据的加工处理是实现由对个别现象的认识过渡到对总体现象的认识，由对事物表象的认识过渡到对其本质与内在联系的全面认识，由感性认识上升到理性认识的过程，是达到税收统计分析研究目的的重要环节。

另一方面，税收数据加工处理得正确与否、质量好坏，将直接影响税收分析及预测结果的准确性和真实性。不恰当的加工整理往往使收集得来的丰富、准确、全面的资料失去应有的价值，从而歪曲事情的真相，使人们得出错误的结论。因此，采用科学的方法进行税收数据的加工处理是顺利完成税收统计分析任务的前提。

总之，税收数据的加工处理在整个税收统计分析中起着承前启后的作用。它既是税收数据收集的继续和深化，又是税收统计分析的基础和前提，也是税收数据收集和税收统计分析的连接点。

（三）税收数据加工处理的步骤

从完整的工作程序来看，税收数据加工处理的基本步骤如下：

1. 设计和编制税收数据加工处理方案

税收数据加工处理方案是根据税收统计分析研究的目的和要求，事先对整个工作做出全面的计划和安排，是通过一套综合表式和编制说明来反映的。其主要内容包括确定汇总指标与综合统计表，进行统计分组，选择资料汇总形式，确定资料审查的内容与方法等。统计分组是统计资料整理的基础，统计汇总是统计资料整理的中心内容，统计图表则是统计资料整理的表现形式。

2. 对收集的税收数据进行审核

在对收集的税收数据进行加工处理前，首先需要对其进行严格的审核，以保证数据质量，为进一步的整理和分析打下基础。审核的内容主要包括税收数据的准确性、及时性和完整性等。

3. 对收集的税收数据进行分组、汇总和计算

在税收数据加工处理过程中，对大量的原始资料进行分组、汇总和计算是一项重要的工作，其中统计分组是最基本的，是保证分类、汇总科学合理的基础。根据税收数据加工处理方案的要求，按已确定的汇总组织形式和具体方法，按照一定标志，对收集的税收数

据进行分组。根据分组的要求，对各项数字进行汇总，计算分组单位数、总体单位数、分组标志总量和总体标志总量。

（1）统计资料的分组。其工作内容是将全部调查资料按照一定的标志加以区分，使反映相同性质的税收活动的资料归集在同一组内，以便于对比分析。

（2）税收统计资料的汇总。统计资料经过科学分组后，按照一定要求对统计资料进行综合归类。汇总的形式主要有集中汇总和逐级汇总两种。集中汇总是指由组织领导完成统计资料整理工作的工作机构，集中全部统计资料进行汇总；逐级汇总是指在汇总过程中，充分发挥各级税务部门的作用，将已经汇总好的资料逐级上报。

4. 对汇总后的调查资料进行审核

对加工处理好的资料再一次进行审核，更正汇总过程中所发生的各种差错。汇总后审核可以从以下几方面进行：

（1）复计审核，即对每个指标数值进行复核计算；

（2）表表审核，即审核不同统计表上重复出现的同一指标数值是否一致，对统计表中相互联系的各个指标数值，则审核它们之间是否衔接和是否符合逻辑性；

（3）表实审核，即对汇总得到的指标数值，与了解的实际情况联系起来进行审核；

（4）对照审核，即对各税种相关数据进行相互对照审核，看数字是否一致或比较接近，以便从中发现可能出现的错误。在审核过程中发现错误时，应查明原因，及时更正。

5. 编制统计表、绘制统计图

把整理好的税收统计资料用统计表或统计图的形式表现出来，简明扼要地表现税收现象在数量方面的具体特征和相互关系。

三、税收分析的常用工具

税收分析常用的软件有 SAS、SPSS、Excel 等，其中 Excel 的使用最为普遍。

Excel 是通过电子表格方式来进行数据录入、管理与分析的，最基本的操作对象是单元格，Excel 常用的操作方式有快捷菜单方式、工具按钮方式和宏命令方式，另外，还有函数，为计算和分析带来了极大的方便。

第二节　总量分析法

总量分析法是指运用总量指标进行分析的一种方法。总量分析主要适用于经济税源、税收收入的总体规模及增减变化量分析。

一、总量指标的概念及作用

税收总量指标是反映一定时间、地点和条件下的税收总规模、总水平的统计指标。其表现形式为具有计量单位的绝对数，所以也称为绝对量指标。它可以揭示总体数量的绝对规模和水平，其数值大小受总体范围及单位数多少的制约。例如，2012 年某省国税税收收入是 4321 亿元，去除海关代征后，国内税收收入是 2632 亿元。总量指标也可以表现为某现象总体在一定时空条件下数量增减变化的绝对数。例如，2012 年某省国税税收收入与 2011 年相比增加了 314 亿元，国内税收收入比 2011 年增加了 153 亿元。在税收统计分析中计算税收总量指标具有十分重要的意义。

1. 税收总量指标是对整个分析研究对象总体认识的一个起点。它是对所研究对象总体的客观反映，可以反映其基本状况。

2. 税收总量指标是税务工作中下达计划任务，检查监督税收计划执行进度、执行结果，加强税收征收管理的重要依据。

3. 税收总量指标是计算税收相对指标、平均指标，进行税收相对水平分析和平均水平分析的基础。税收相对指标和平均指标都是以两个或两个以上有联系的税收总量指标为基础计算出来的，是税收总量指标的派生指标。税收总量指标的核算是否科学合理会直接影响到税收相对指标和平均指标的准确性。

对总量指标的分析描述应简洁、明了，突出主要数量特征，给人以深刻的印象。例如，2012 年某市国内税收收入突破 300 亿元，比 2011 年同比增长 15.67%，增收 165 亿元，税收收入呈现稳定增长的趋势。

二、总量指标的种类

1. 按其反映的内容分类，可分为税收总体单位总量和税收总体标志总量

税收总体单位总量是总体单位数的总和，它说明总体本身规模的大小。如 ×× 县国税局 2012 年年末所辖一般纳税人为 2000 户，2012 年年末在职税务干部为 150 人。税收总体标志总量反映的是总体内各个单位某一数量标志值的总和。如 ×× 县国税局 2012 年税收收入为 8 亿元，征收成本为 180 万元。

2. 根据反映的时间分类，可分为时期指标和时点指标

时期指标反映总体在某一段时间内累计规模的总量。如 ×× 县税收收入 8 亿元，2012 年 ×× 省国税税收收入 4321 亿元，国内税收收入 2632 亿元。时点指标是反映总体在某一时刻状态上规模的总量指标。如 ×× 县 2012 年年末所辖一般纳税人为 2000 户，2012 年年末在职税务干部为 150 人。

3. 按其计量单位不同分类，可分为实物量指标、价值量指标和劳动量指标

（1）实物量指标是以实物单位计量的总量指标，能够直观地反映产品使用价值的总量，

它是计算价值量指标的基础。实物单位有自然单位、度量衡单位和标准实物单位等。比如，电脑以"台"、小汽车以"辆"等自然单位计量。度量衡单位是以统一的度量衡制度规定的计量单位，如钢材、粮食以"吨"等计量。标准实物单位用于汇总不同规格或含量的同类事物的实物数量，可以更加准确地反映产品的实用价值总量。以往我国的农业税俗称"公粮"，采用的就是实物量指标。

（2）价值量指标是以货币单位计量的总量指标，反映现象总体的价值总量。如"国内生产总值""税收总额"等。目前，我国税收总量指标均表现为价值量指标，其计量单位表现为元、万元、亿元等。

（3）劳动量指标是用劳动时间为单位计算的产品产量或完成的工作量，通常用于工业企业内部的核算。如"工时""工日""台时"等。

第三节　对比分析法

一、对比分析法的概念及分类

对比分析法是指运用对比指标进行分析的一种方法。对比分析法的核心是将两个有联系的统计指标进行对比，用一个抽象化的比值（即对比之后的数值）反映社会经济现象之间的对比关系。通常使用事物的相对水平、发展过程、差异程度、内部结构与比例关系等来比较和分析事物之间的联系。

税收对比分析按时间和空间范围可划分为纵向和横向对比分析。纵向对比分析是指在一定时间范围内，以同一事物的各个发展阶段的不同数量指标进行对比分析，反映事物在不同阶段的发展变化情况。横向对比分析，则是指同一指标在不同空间范围内进行对比分析，用以反映经济现象在不同地区之间的差距。如某省宏观税负与相关省份同期宏观税负之比，就可以反映省间宏观税负水平差距。这种方法用在省内各地区之间的比较同样有效。

对比分析主要适用于经济税源、税收收入的结构分析，发展速度分析及经济税收关系分析（宏观税负、弹性分析），适用于经济税源、税收收入总量、结构、发展速度及税负、弹性等指标的纵向和横向对比分析，以发现和了解不同现象之间的结构现状、差异程度及发展趋势。

二、相对指标的概念及作用

相对指标是指将两个有联系的指标对比所得到的比值，反映事物的数量特征和数量关系，其具体数值表现为相对数，因此也称为相对数指标。相对指标可以反映现象之间的固有联系及联系程度，如现象的发展程度、结构、强度、普遍程度或比例关系等。借助于相对指标对现象进行对比分析，是统计分析的基本方法。

相对指标的表现形式有两种：一种是有名数，另一种是无名数。有名数是指对比的分子、分母有不同的计量单位，将分子和分母两个指标的计量单位结合使用，如人口密度用"人／平方公里"，人均GDP、人均税收负担用"元／人"，劳动强度用"件／人"等。无名数是一种抽象化数值，常以倍数、系数、成数、翻番数、百分数、千分数等表示。

在统计分析研究中，相对指标的作用主要表现在以下方面：

1. 相对指标能具体表现社会经济现象之间的对比关系，有助于人们深入了解事物发展的质量与状况。社会经济现象之间是相互联系、相互制约的，总量指标只能反映现象的总规模、总水平，而运用相对指标把有关指标联系起来进行对比分析，就能把事物发展的规模大小、计划执行的好坏、变化速度快慢、各种比例协调与否等情况反映出来。

2. 相对指标可以使不能直接对比的现象找到相互比较的基础。例如，考察不同类型企业的经济效益，由于生产规模不同、资金多少不同，一般不能用净利润直接对比，可以通过销售利润率、资本收益率等相对指标抽象掉个体的差异，再进行对比分析。

三、相对指标的分类

根据研究的目的和任务不同，相对指标计算时选择的对比基础也不同，对比所起的作用也有所不同，从而形成不同的相对指标。归纳起来主要有两类：一是同一总体内部对比的相对指标，如结构相对指标、比例相对指标、动态相对指标和计划完成程度相对指标；二是两个总体之间对比的相对指标，如比较相对指标和强度相对指标。

1. 结构相对指标

结构相对指标就是利用分组方法，将总体划分为性质不同的各个组成部分，以部分数值与总体数值对比而得出的比重或比率，来反映总体内部组成状况的相对指标。其计算公式为：

结构相对指标＝总体部分数值／总体全部数值 ×100%

结构相对指标一般用百分数或成数表示，各组比重之和等于100%或1。其分子和分母既可以同是总体单位总量，也可以同是总体标志总量，而且分子数值属于分母数值的一部分，即分子、分母是一种从属关系，位置不能互换。

例如，2012年××省国内增值税收入完成1523亿元，约占国内税收收入的61.24%；企业所得税收入完成583亿元，约占国内税收收入的23.44%；国内消费税收入完成244亿元，约占国内税收收入的9.81%；其他税种完成137亿元，约占国内税收收入的5.51%。

结构相对数是统计分析中常用的综合指标，主要有以下两方面作用：

（1）可以反映总体内部的结构特征。

（2）不同时期结构相对数的变动状况，可以反映事物的变化过程及发展趋势。

2. 比例相对指标

比例相对指标是同一总体内不同组成部分之间数量对比的相对指标，用以反映总体中各组成部分之间的数量联系程度和比例关系。它的分子与分母可以互换。其计算公式为：

比例相对指标 = 总体中某一部分数值 / 总体中另一部分数值 ×100%

比例相对指标一般用百分数、几比几或连比的形式表示。比例相对指标以对分析总体的统计分组为前提，没有分组就没有比例，并且该指标是由结构决定的。根据对比的目的不同，分子、分母可以相互交换位置。

例如，2012 年 ×× 市税收收入总额 157 亿元，其中第二产业税收收入 84 亿元，第三产业税收收入 73 亿元。第二产业税收收入：第三产业税收收入 =84 ：73=1.15 ：1=115 ：100。也可以计算分析，第三产业税收收入：第二产业税收收入 =73 ：84=0.87 ：1=87 ：100。

在实际工作中，常将比例相对数和结构相对数结合起来使用，既可以研究总体的结构是否合理，也可以判断现象发展过程中的比例关系是否正常。

3. 动态相对指标

动态相对指标又称为发展速度，是将某一指标不同时间上的数值进行对比的相对指标，表明同类事物在不同时间状态下的对比关系，反映社会经济现象在时间上的运动、发展和变化。其计算公式为：

动态相对指标（发展速度）= 报告期指标数值 / 基期指标数值 ×100%

公式中报告期是所要研究或说明的时期，又称为计算期；基期是用来作为比较标准的时期。动态相对指标的分子、分母相对固定，不能互换位置。

例如，2012 年 ×× 市税收收入总额 1345 亿元，2011 年为 1115 亿元，则该市 2012 年税收收入发展速度 =1345/1115 × 100%=120.63%。

动态相对指标对于分析社会经济现象的发展变化具有非常重要的意义。

4. 计划完成程度及计划执行进度指标

（1）计划完成程度相对指标

计划完成程度相对指标，简称为计划完成百分比，它是以现象在某一时期内的实际完成数与计划任务数进行对比的相对指标。在计算时，要求分子、分母在指标的内容、范围、计算方法及时间长度等方面完全一样，通常用百分数表示。其基本计算公式为：

计划完成程度相对指标 = 实际完成数 / 计划任务数 ×100%

例如，×× 县 2012 年计划完成税收任务为 1200 万元，实际完成税收任务 1500 万元，则该县 2012 年税收任务计划完成情况为：

税收计划完成百分比 =1500/1200 × 100%=125%

计算结果说明完成计划的 125%，实际完成税收比计划增加 1500–1200=300 万元，超额完成计划的 25%。

通过计划完成程度相对指标，可以准确地反映计划完成情况，定期监督检查国民经济计划以及地区、部门或基层单位计划的执行情况，随时掌握计划执行进度及执行过程中存在的问题，找出薄弱环节，挖掘潜力，并可以根据实际情况对计划进行适当的修改，作为编制下期计划的参考。

（2）计划执行进度指标

计划完成程度相对指标只反映计划执行的结果，在分析计划执行情况时，还要检查计划执行的进度和均衡程度，需要运用计划执行进度指标。

计划执行进度指标是计划期中某一段时期的实际累计完成数与计划期全期计划数对比得到的指标。其计算公式为：

计划执行进度 = 期初至检查之日止累计实际完成数 / 全期计划任务数 × 100%

计划执行进度指标用于检查计划执行与时间进度的要求适应与否，可以在计划期内，逐日、逐旬、逐月、逐季观察计划的进展情况，检查计划执行是否均衡，预计计划的可能完成情况，以便于及时发现问题、采取措施，保证完成或超额完成计划任务。一般来说，检查完成计划进度要与时间的进程相统一，即第一季度完成年计划的 25%，第二季度累计完成年计划的 50%，即时间过半，任务完成数也要过半。

5. 比较相对指标

比较相对指标是将两个性质相同的指标在同一时间、不同空间条件下做静态对比得出的相对指标，可以反映国家之间、地区之间、行业之间、单位之间同类现象的对比关系。其计算公式为：

比较相对指标 = 某条件下的某项指标数值 / 另一条件下的同项指标数值 × 100%

比较相对指标一般用百分数或倍数表示。其分子、分母根据分析目的不同可以相互交换位置。

例如，2012 年 A 市税收收入总额为 157 亿元，B 市税收收入总额为 305 亿元。则 A 市与 B 市税收收入对比得到的比较相对指标 =157 ∶ 305=51.48%，也可以将 B 市与 A 市税收收入进行对比 =305 ∶ 157=1.94 倍。

计算比较相对指标时，用来对比的指标既可以是总量指标，也可以是相对指标或平均指标。由于总量指标易受总体规模和条件不同的影响，计算比较相对指标时更多采用相对数或平均数进行对比。如税收弹性系数指标：

税收弹性系数 = 税收增长率 / 经济增长率

税收弹性系数作为税收对经济增长的反映程度，其数值大于 1，说明税收增长快于经济增长。其数值越大，对宏观税负的提升作用越明显。

比较相对指标常用于不同国家、地区、单位的比较，用于先进与落后水平的比较，还用于标准水平或平均水平的比较，用以寻找差距，挖掘潜力，为制订发展计划提供依据。

比例相对指标和比较相对指标的区别是：（1）分子与分母的内容不同，比例相对指标是同一总体内不同组成部分之间数量对比的相对指标；比较相对指标是同类指标在同一时间、不同空间条件下对比得出的相对指标。（2）说明问题不同，比例相对指标反映总体内部的比例关系；比较相对指标是不同单位的同类指标对比而确定的相对数，用以反映同类现象在同一时期内各单位发展的不平衡程度。

6. 强度相对指标

强度相对指标是两个性质不同（不同类现象）而有一定联系的总量指标进行对比的结果，用以表明现象的强度、密度和普遍程度。这里所指的不同类现象一般分别属于不同的总体。其计算公式为：

强度相对指标 = 某一总量指标数值 / 另一性质不同而相联系的总量指标数值 × 100%

有些强度相对指标的分子、分母位置可以互换，所以存在正指标和逆指标两种形式。强度相对指标的数值大小与现象的发展程度或密度成正比时，称为正指标；与现象的发展程度或密度成反比时，称为逆指标。一般来说，正指标数值越大越好，逆指标数值越小越好。

四、对比分析时应注意的问题

1. 两个对比指标的可比性

由于相对指标是两个有联系的指标数值进行对比计算的结果，因此，两个对比指标的可比性是计算相对指标的重要条件。所谓可比性，是指对比的两个指标在经济内容上要具有内在联系，并且在总体范围、时间、计算方法和计量单位上要求一致或相适应。

2. 相对指标和总量指标结合使用

相对指标把现象的绝对水平抽象化，来反映社会经济现象的联系和差异程度，但是，它也掩盖了现象绝对水平的差别。因此，在利用相对指标进行分析时，必须与计算相对指标所依据的绝对水平联系起来，才能获得对客观事物正确的认识。

3. 多种相对指标结合运用

运用相对指标进行统计分析时，可以将从不同方面、不同角度表明问题的各种相对指标结合起来使用，全面地说明客观事物的情况及发展的规律性。只有多种相对指标综合运用，才能全面地、深入地说明要研究的问题。

第四节　分组分析法

社会经济现象的多样性和错综复杂性，要求在进行税收分析时，将错综复杂的社会经济现象区分为不同的类型，使税收分析进一步深化，这就需要借助分组分析方法。

一、统计分组的概念及作用

统计分组是根据税收分析研究的目的和分析对象的特点，将所研究的税收统计总体按照一定的标志划分为性质不同的若干个组成部分，使反映相同性质的税收活动的资料归集在同一组内，以便于对比分析的一种统计方法。总体中的这些组成部分称为"组"，也就是大总体中的小总体。能够对统计总体进行分组，是由统计总体中各单位所具有的差异性的特点决定的。

统计分组是开展税收分析，研究社会经济结构变化、产业结构变化、产品结构变化等对税收收入影响的基础和前提，只有按一定的标志进行科学的分组，才有可能取得总体内部各部分在总体中所占比重和各部分之间比例关系的资料；才有可能利用这些资料去研究和分析各种现象之间的依存关系；才有可能利用这种分析方法去进行客观正确的分析，以揭示客观事物发展的一般规律。

二、统计分组的原则

一是系统原则。即各分组内容之间要符合逻辑，界限明确，层次分明，既自成体系，又相互联系。

二是可比原则。即分组内容要与历史资料保持连续，分组口径要前后一致，以便进行前后对比。

三是实用原则。进行各种分组要有利于税收统计资料的使用，满足当前税收工作的需要，并便于各级领导审阅。

确定分组内容时，必须综合考虑上述各项原则，尤其要兼顾统计资料的可比性和实用性。如果出现与前期资料分组口径不同，则必须在整理的统计资料中逐项加以说明，以免在使用资料时发生差错。

三、分组标志

统计分组中关键的问题在于选择分组标志和各组界限的划分，而选择分组标志则是税收统计分组的核心问题。

（一）分组标志的概念及其分类

分组标志就是将税收统计总体区分为各个性质不同的组的标准或根据。根据分组标志的不同特征，税收统计总体可以按品质标志分组，也可以按数量标志分组。

1. 按品质标志分组

按品质标志分组就是选择反映事物属性差异的品质标志为分组标志，并在品质标志的变化范围内划定各组界限，将总体划分为若干性质不同的组成部分。如按经济类型、按产业结构分组。将纳税人按所属的经济类型分组，可以分为国有企业、集体企业、股份合作企业、联营企业、股份公司、私营企业及其他企业等。

2. 按数量标志分组

按数量标志分组就是根据统计研究的目的，选择反映事物数量特征和差异的数量标志作为分组标志，在数量标志值的变异范围内划定各组数量界限，将总体划分为性质不同的若干组成部分。在实际进行税收分析时，按数量标志进行分组常用来分析某种指标的变动情况，这时被研究的指标就成为分组的标志。例如，将纳税人按缴纳税收额、利润额分组等。

（二）选择分组标志

任何社会现象客观上都有许多不同的标志。对同一总体的资料根据不同的标志进行分组，会产生不同的结论。为确保分组后的各组能够正确反映事物内部的规律性，选择分组标志时，应遵循以下原则：

1. 根据税收分析研究的目的与任务选择分组标志

在对税收数据进行分析研究时，可以根据不同的研究目的或任务从不同的角度进行研究，相应地要选择不同的分组标志进行分组。如以××省纳税人为总体进行研究时，这个研究对象就有很多标志，如经济类型、行业、规模等。在具体研究过程中应该采用哪种标志进行分组，就要看研究的目的。如研究税收负担率的行业差异情况，可选择行业作为分组标志；研究税收负担率的地区差异情况，可选择地区作为分组标志。

2. 从众多标志中，选择最能反映被研究现象本质特征的标志作为分组标志

由于社会经济现象复杂多样，具有多种特征，在选择分组标志时，会遇到既可以使用这种标志，又可以使用另一种标志的情况。这就需要根据被研究对象的特征，选择最重要的、最能反映事物本质特征的标志进行分组。例如，研究纳税人的纳税能力情况，可以用纳税人的销售收入作为分组标志，也可以用纳税人的资产、利润、税负作为分组标志。相比较而言，销售收入水平更能反映纳税人纳税能力的高低，更能反映被研究现象的本质特征。

四、统计分组体系

对税收总体数量特征的认识，往往要从多方面进行研究，仅仅依赖一个分组标志很难满足需要，必须运用多个分组标志进行多种分组，形成一个分组体系才能满足需要。

所谓的统计分组体系，就是根据税收统计分析的要求，通过对同一总体进行不同分组，形成一组相互联系、相互补充的体系。统计分组体系有平行分组体系与复合分组体系之分。

（一）简单分组和平行分组体系

总体只按一个标志分组称为简单分组。例如，按税收收入对纳税人进行分组。对同一个总体选择两个或两个以上的标志分别进行简单分组，以形成平行分组体系。例如，为了解纳税人总体的基本特征，我们将纳税人总体按经济类型、行业等进行分组，形成平行分组体系如下。

按经济类型分组：国有企业，集体企业，股份合作企业，联营企业，股份公司，私营企业，其他企业。

按行业分组：采矿业，制造业，电力、热力、燃气及水的生产和供应业，建筑业等。

平行分组体系的特点是：每一个分组固定一个分组标志，即只考虑一个因素的差异对总体内部分布情况的影响，而且各个简单分组之间彼此独立，没有主次之分，不互相影响。

（二）复合分组和复合分组体系

对同一总体选择两个或两个以上分组标志层叠起来进行分组，叫作复合分组。复合分组所形成的分组体系叫作复合分组体系。例如，将纳税人总体按经济类型、行业重叠分组形成的复合分组体系如下。

按经济类型、行业分组

国有企业

—采矿业

—制造业

—电力、热力、燃气及水的生产和供应业

—建筑业

……

股份公司

—采矿业

—制造业

—电力、热力、燃气及水的生产和供应业

—建筑业

……

其他企业

—采矿业

—制造业

—电力、热力、燃气及水的生产和供应业

—建筑业

……

复合分组体系的特点是：每一次分组除了要固定本次分组标志对分组结果的影响外，还要固定前一次或前几次分组标志对分组结果的影响，且各个分组标志之间有主次之分。

复合分组体系可以从不同角度体现总体内部的差别和关系，因此，比平行分组体系更能全面、深入地研究分析问题。但是也要注意，复合分组的组数等于各简单分组组数的乘积，如果复合分组选择的标志过多的话，就会使复合分组体系过于庞大，会增加分组的难度，不容易反映现象的本质特征，制表也不方便。所以，进行复合分组时分组标志不宜过多。

五、分配数列

分配数列是进行税收统计分组的必然产物，是税收数据加工处理结果的一种重要表现形式。它可以反映税收现象总体的分布特征和内部结构，并为研究总体中某种标志的平均水平及其变动规律提供依据。

（一）分配数列的概念

分配数列是在税收统计分组的基础上，将总体的所有单位按组归类整理，并按一定顺序排列而形成的总体中各个单位在各组间的分布，又称分布数列或次数分配。分配数列可以表明总体的构成情况，同时也是反映总体数量特征、揭示事物规律的重要方法。

（二）分配数列的种类

根据分组标志的不同，分配数列分为品质分配数列和变量分配数列两种。

1. 品质分配数列

按品质标志分组形成的分配数列称作品质分配数列，简称品质数列，也叫属性分布数列。

2. 变量分配数列

按数量标志分组所编制的分配数列称作变量分配数列，简称变量数列。

变量数列按变量的表现方法和分组方法不同，可以分为单项式分配数列和组距式分配数列两种。

（1）单项式分配数列是指将每一变量值列为一组形成的数列，即按单项式分组所编制的变量数列。适用于变量值个数较少、变动范围较小的离散型变量。变量值的数目较少并可一一列举，因此可编制单项式数列。

（2）组距式分配数列是以标志值变动的一定范围作为一组的分组，即组距式分组所形成的变量数列。组距式数列中的每个组不是用一个具体的变量值表示，而是用变量值的一定变化范围即各组变量值变动的区间来表示，一般适用于连续型变量以及变量值较多、变动范围较大的离散型变量。

（三）组距式变量数列的组成要素

1. 组距、全距与组数

在组距数列中我们用变量值变动的一定范围代表一个组，每个组的最大值为组的上限，最小值为组的下限，每个组上限和下限之间的距离称为组距，即，组距＝上限—下限。

全部变量值的最大值和最小值的距离，即全距，又称极差，即，全距＝最大变量值—最小变量值。

组数是指某个变量数列划分为多少组。组数与组距是相互联系的，在同一变量数列中，组距的大小与组数的多少成反比。组数越多，组距越小；组数越少，组距越大。

对一个总体来讲，分组的组数和组距必须恰当，组数不能太多也不能太少，组距不能太小也不能太大。组数太多，组距太小，分配数列显得很烦琐，不能反映总体分布特征；组数太少，组距太大，分配数列显得过于笼统，同样很难反映总体分布特征。

2. 组限与组中值

组限是圈定一组标志值变动范围的两个数，即每组两端的标志值。每组的最大值为上限，最小值为下限。在组距式分组中常有最小组无下限和最大组无上限的情况，这样的组叫开口组，其中只有上限无下限的称为下开口组，有下限无上限的组称为上开口组。

在编制组距数列时，作为各组名称的变量可以是离散变量，也可以是连续变量，这两种变量组限的表示方法有所不同。按连续变量分组划分组限时，相邻两组的组限必须重叠。如果上下限是两个不同的数值的话，那么相邻两组上下限之间就可能有很多数值无组可归，不符合穷尽性原则。在统计时，如果遇到某单位的标志值刚好等于相邻两组上下限数值时，为避免重复计算，一般遵循"上组限不在内"的原则。例如，某地区纳税人税收收入分组，有 300 万 ~400 万、400 万 ~500 万两组，如果某户纳税人税收收入为 400 万元，则应计入400 万 ~500 万这一组。按离散变量划分组限时，相邻两组的组限应该以整数断开。

组中值是各组标志值变动范围的中点值，也就是每组上限和下限之间的中点数值。由于组距数列使用变量值变动的一段区间来表现变量值的取值，所以掩盖了分布在各组内各单位的实际变量值，为了反映各组中个体单位变量值的一般水平，税收统计分析中需要计算组中值来代表。其计算公式为：

组中值 =(上限 + 下限)/2

（四）分配数列的要素及意义

分配数列包括品质分配数列和变量分配数列，都是由两个基本要素构成：各组的名称和各组的次数或频率。各组的名称是表明标志变异范围及其变异程度的界限。两种分配数列构成要素的不同之处仅有一点，即品质数列组的名称使用文字表示的标志属性差异，变量分配数列组的名称则是用标志值（即变量的不同水平）表示的数量变异界限。

分配数列中分布在各组中的个体单位数叫作次数，又称频数，是以绝对数的形式表现各组的总体单位数目，各组次数之和等于总次数。各组次数（即各组单位数）占总次数（即总体单位数）的比重叫作比率或频率，是以相对数形式表现的总体单位数目，各组频率之和等于 1(或 100%)。

在分配数列中，次数越大的组的标志值对于总体指标计算所起的作用越大；反之，次数越少的组的标志值所起的作用越小。频率与次数所起的作用根本性质是相同的，不同的是频率还可以表明各组标志值对总体的相对作用程度。这种相对作用程度的具体数值，也是各组标志值在总体中出现的频率。

为研究整个变量数列的次数分配状况，并进行统计计算，税收统计分析中还常计算累计次数及其频率分布。将变量数列中各组的次数和频率逐组累计相加而成累计次数分布，它表明总体在某一变量值的某一水平上包含的总体次数和频率。

累计次数和累计频率的计算方法有两种：向上累计和向下累计。向上累计，又称较小制累计，是将各组的次数或频率由变量值低的组向变量值高的组累计，各累计数的意义是各组上限以下的累计次数或累计频率；向下累计，又称较大制累计，是将各组次数或频率由变量值高的组向变量值低的组累计，各累计数的意义是各组下限以上的累计次数或累计频率。反映居民收入分配状况的洛伦茨曲线就是在居民收入分组的基础上，根据向上累计频率分布数列绘制的。

第五节　平均分析法

一、平均指标的概念及作用

1. 平均指标的概念

平均指标是总体各单位某一数量标志值在具体时间、具体地点条件下达到的一般水平，又称平均数，是社会经济分析中常用的综合指标。计算平均指标的前提是必须具有同类性，即将同类现象的各个变量之间的差异抽象化，从而说明总体的一般水平。这种以一般水平代表总体各单位数量标志的具体表现是了解总体的基本方法，掌握了一般水平也就掌握了总体的一个重要方面。

2. 平均指标的作用

（1）平均指标可用于对比同类现象在不同空间上的表现，以反映经济现象的规模和水平。如将不同地区或纳税人的平均税负比较，可准确地反映出地区之间或不同纳税人之间的实际税负情况。

（2）平均指标可用于对比同类现象在不同时间上的表现，从而反映经济现象的发展变化趋势或规律性。

（3）平均指标可用于分析现象之间的依存关系。如地区间或不同时期增值税与增值额相比得到实际平均增值税率，可以反映地区之间或不同时期的增值税征收管理情况。

（4）平均指标可用于推算现象之间的数量关系。如已知平均税率，根据下一月份或年度的税基值可推算出税收收入的估测值。

二、平均指标在税收统计中的运用

平均指标可分为数值平均指标和位置平均指标。数值平均指标包括算术平均数、调和平均数、几何平均数等。位置平均指标包括众数和中位数。

（一）算术平均数

用算术公式计算出来的平均数，是计算平均指标的基本形式。其计算公式为：

$$\bar{x} = \frac{\sum x}{n}$$

或

$$\bar{x} = \frac{\sum xf}{nf}$$

式中，$\bar{x}$ 代表平均数，x 代表变量值，n 代表项数，f 代表次数。

由公式计算得到的称为简单算术平均数，由下公式计算得到的称为加权算术平均数。

1. 简单算术平均数（未分组的统计资料）

根据统计资料将总体各单位的标志值简单加总，然后除以总体单位数，就得到简单算术平均数。其基本计算公式为：

$$\bar{x} = \frac{x_1 + x_2 + x_3 + \cdots + x_n}{n} = \frac{\sum x}{n}$$

式中，x 为各单位的标志值，n 为总体单位数。

2. 加权算术平均数（已经分组的变量数列）

使用分组资料，用各组标志值乘以相应各组单位数求出总体标志总量，用总体标志总量除以总体单位总数即得到加权算术平均数。加权算术平均数适用于分组的统计资料，如果已知各组的变量值和变量值出现的次数，则可采用加权算术平均数计算。计算公式为：

$$\bar{x} = \frac{\sum xf}{\sum f} = \sum x = \frac{f}{\sum f}$$

式中，$\bar{x}$ 为各单位的标志值，f 为各组的次数（权数），$\frac{f}{\sum f}$ 为各组单位数占总体单位数的比重（权数）。

从公式中可以看出，加权算术平均数受两个因素的影响：一是各组变量值；另一个是各组的次数或各组单位数占总体单位数的比重。当各组变量值不变时，各组次数或各组的比重对平均数起着决定作用，即哪一组次数多或比重大，平均数就越接近该组的变量值。因此，各组次数或各组的比重对算术平均数的大小起着权衡轻重的作用，统计上把各组的次数或各组的比重又称为权数。

（1）单项式数列计算平均数。单项式数列的每一组只有一个变量值，可以直接用公式计算。

（2）组距式数列计算加权算术平均数。根据组距式数列计算的加权算术平均数，各组的标志值 x 应是每组的组平均数，一般是假定各单位标志值在组内的分布是均匀的，使用每组的组中值来代替 x。而实际中各组的分布不可能是完全均匀的，各组中值与组平均值就会存在一定的误差，因此，依据组中值计算的加权算术平均数是平均数的近似值。

（二）调和平均数

调和平均数是总体单位各个标志值倒数的算术平均数的倒数，又称为倒数平均数。调和平均数也有简单调和平均数和加权调和平均数两种形式。

1. 简单调和平均数

简单调和平均数是指各变量值对平均数起同等作用时，各总体单位标志值倒数的简单算术平均数的倒数。在应用简单调和平均数时，要求各个标志值相应的标志总量均为一个单位。

2. 加权调和平均数

加权调和平均数是指以各总体单位标志值的标志总量为权数而得到的标志值倒数的算术平均数的倒数。在实际生活中，各标志值对应的标志总量往往是不等的，在这种情况下，就需要应用加权调和平均数来计算。

（三）几何平均数

几何平均数反映一个时期内事物发展的快慢程度，一般用百分数表示。一个历史时期经济的平均发展速度，不能用算术平均数得出，因为在该时期内，每年的基础水平不同，这些比值无法简单相加，只能按几何平均的方法求出。

（四）众数

众数是在总体中出现次数最多的标志值。在分配数列中，出现次数最多的那个组的标志值，就是众数。

（五）中位数

中位数是指将被研究总体各单位的标志值按大小顺序排列后，处于中间位置的那个变量值，通常用 Me 表示。它不受极端值的影响，在总体标志值差异很大时，具有较强的代表性。

（六）算术平均数、众数与中位数之间的关系

在算术平均数、众数与中位数三种平均数中，算术平均数是数值平均数的一种，对极端值的反应比较敏感；众数与中位数都是位置平均数，其具体数值不受极端值的影响。

1. 若数据的分布是对称的。则必有算术平均数、众数与中位数三者相等的情况，即 $M_e = \bar{x}$ 。

2. 若数据的分布是不对称的，是向左偏移的，则必有算术平均数大于中位数，且中位数大于众数的关系，即 $M_0 < M_e < \bar{x}$ 。

3. 若数据的分布是不对称的，是向右偏移的，则必有众数大于中位数，且中位数大于算术平均数的关系，即 $M_0 > M_e > \bar{x}$ 。

通过比较这个集中趋势的具体取值大小，可以反映数据的分布状态是否存在偏移，是左偏还是右偏，进而粗略地把握偏移的大致程度。

（七）计算和应用平均指标应注意的问题

1. 注意社会经济现象的同质性。同质性，是指总体各单位在被平均的指标上具有同质

性，这是应用平均指标的基本原则。只有这样，计算出来的指标数值才可以反映所研究社会经济现象总体数量特征的一般水平，平均指标才具有实际意义。

2. 必须注意用组平均数补充说明总体平均数。平均指标反映了总体各单位某一数量标志值的一般水平，但掩盖了各组之间的差异。为了全面认识总体的特征和分布规律，对现象做出更准确的评估，还要以总体内各组或组内的平均数进行补充说明。

3. 注意用分配数列来补充说明总平均数。

4. 计算和运用平均数时，要注意极端数值的影响。

三、标志变异指标在税收统计中的运用

（一）标志变异指标的意义和种类

平均指标反映现象的集中趋势，反映现象的一般水平。平均指标代表了参与计算的其他标志值，但也掩盖了这些标志值之间的差异。为了揭示标志值间的差异，从相反的角度来揭示现象的离中趋势，应计算标志变异指标。

标志变异指标是反映总体各单位标志值差异程度的综合指标，它表明总体各单位标志值的离散程度和离中趋势，又称标志变动度指标。其具体作用表现在以下两点：

第一，标志变异指标是衡量平均数代表性的标准。平均数是个代表值，其代表性取决于总体各单位标志值的差异程度。当总体各单位标志值间的差异较大时，计算出的标志变异指标值就越大，平均数的代表性就越小；当总体各单位标志值间的差异较小时，计算出的标志变异指标值就越小，平均数的代表性就越大。

第二，标志变异指标可用来研究现象发展变化的均衡性、协调性。标志变异指标值越小，现象发展变化越均衡、越协调；标志变异指标值越大，现象发展变化越不均衡、越不协调。

（二）标志变异指标在税收统计中的应用

按计算方法的不同，标志变异指标可以分为全距、平均差、标准差等六种。

1. 全距

全距又称极差，它是总体各单位标志值中最大值与最小值之差，用字母 R 表示，其公式为：

R= 最大标志值 – 最小标志值 $=x_{max}-x_{min}$

全距表明了总体中变量值的变动范围。全距越大，表明变量值的变动范围越大，从而表明标志值的变异程度越大；反之，越小。

全距是测定标志值变异程度最简单的方法，但是由于它只取决于总体各单位标志值中最大和最小两个标志值，没有反映其他标志值之间的差异，所以很容易受到极值的影响。

2. 平均差

平均差也称平均离差，是各变量值与其平均数离差绝对值的平均数，通常用 $A \cdot D$ 表

示。计算平均差的目的是测算各单位标志值与算术平均数离差的大小。由于掌握的资料不同，可以分为简单平均差和加权平均差。

（1）简单平均差。如掌握的资料未分组时可用简单平均差来计算。计算公式为：

$$A \cdot D = \frac{\sum |x - \bar{x}| f}{n}$$

（2）加权平均差。如掌握的资料已经分组，此时应采用加权平均差来计算，其公式为：

$$A \cdot D = \frac{\sum |x - \bar{x}| f}{\sum f}$$

在可比的情况下，一般平均差的数值越大，则其平均数的代表性越小，说明该组变量值分布越分散；反之，平均差的数值越小，则其平均数的代表性越大，说明该组变量值分布越集中。

由于平均差是根据全部变量值计算出来的，可以全面反映总体各单位标志值的变异程度，但由于其计算时涉及绝对值，不能直接用代数方法处理，使用起来不方便，因此在统计分析中很少应用。

3. 标准差

标准差又称均方差，是总体各单位标志值对其算术平均数离差的平方和的算术平均数的平方根，它表明总体各单位标志值的离散程度和离中趋势，从而说明平均数的代表性。标准差值越大，总体各单位标志值间的差异就越大，平均数的代表性就越小；反之，越大。由于掌握的资料不同，标准差可以分为简单标准差和加权标准差。其计算公式为：

$$\sigma = \sqrt{\frac{\sum (x - \bar{x})^2}{n}}$$

或

$$\sigma = \sqrt{\frac{\sum (x - x)^2 \cdot f}{\sum^f}}$$

式中，σ 代表标准差，x 代表各标志值或变量值，代表算术平均数，n 代表项数，f 代表权数。

利用标准差进行统计分析，只局限于分析比较两个平均水平相同的平均指标的代表性大小，而要比较分析两个及两个以上不同平均水平的平均指标的代表性大小，就必须计算标志变异的相对程度，这个相对指标就是标志变异系数。标志变异系数越大，说明变量值的离散程度越高，平均数的代表性越差；反之，越好。常见的有全距系数、平均差系数、标准差系数等，其中最常用的是标准差系数。

4. 全距系数

全距系数是全距与其相应的平均数相对比得到的相对指标，用 V_R 表示，其计算公式为：

$$V_R = \frac{R}{\bar{x}} \times 100\%$$

5. 平均差系数

平均差系数是平均差与其相应的平均数相对比得到的相对指标，用 $V_{A \cdot D}$ 表示，其计算公式为：

$$V_{A \cdot D} = \frac{A \cdot D}{\bar{x}} \times 100\%$$

6. 标准差系数

标准差系数是指总体的标准差与其相对应的某一数量标志算术平均数相除而得到的一个相对数，其计算公式为：

$$V_{\sigma} = \frac{\sigma}{\bar{x}} \times 100\%$$

式中：V_{σ} 为标准差系数，σ 为标准差，$\bar{x}$ 为算术平均数。

公式中之所以用标准差与平均数相除，其目的是消除或降低平均数的影响，从而使不同总体之间能够对比。标准差系数值越大，平均数的代表性越小；标准差系数的值越小，平均数的代表性就越强。

第七章 税收分析的主要内容

第一节 税收收入分析

一、税收收入分析的概念

税收收入分析是描述在某个时期内的税收收入完成情况，从地区、产业、行业、企业类型、企业规模等角度分析税收收入的结构特征，分析影响税收收入变化的经济因素、政策因素和征管因素，提出加强组织收入工作的意见或建议，形成分析报告的一种税收管理活动。它是税收管理的重要内容和重要环节，是促进税收科学化精细化管理、充分发挥税收职能的重要手段。

二、税收收入分析的意义

1.综合反映经济税收信息，有效地发挥参谋助手作用

税收是国家调节收入分配的重要经济杠杆，税收变动涉及国民经济各个部门，作用于社会再生产过程的各个环节，因此，通过对税收收入执行情况的分析，可以从税收角度及时反映经济运行速度及质量的相关信息，供领导和上级部门决策时参考。

2.税收收入分析是强化收入监控和税收征收管理的重要保障

通过对税收收入总量、结构完成情况等指标进行分析，揭示组织收入工作中存在的问题，反映征管过程中的薄弱环节，尤其是通过经济税收相关性的分析，利用宏观税负、行业税负、企业税负等不同层级的指标，通过比较分析，可以体现征收管理的效果，揭示税收征管中存在的问题，加强税收征管和组织收入工作的有效结合。

3.税收收入分析为组织收入工作原则奠定基础

税务机关要认真贯彻落实"依法征税，应收尽收，坚决不收过头税，坚决制止和防止越权减免税，坚决落实各项税收优惠政策"的组织收入原则，通过对税收收入完成情况的总量分析及产业结构、税收政策、征管状况等因素进行分析，可以把税收放在经济发展的大环境中把握其发展趋势；监督税务部门在征税过程中的政策执行进度，对有税不征和收过头税的违法行为进行有效监管；充分发挥组织收入工作的反映、监督、调控、参谋作用，

保证组织收入工作的顺利进行；进一步淡化税收收入计划观念，实现依计划征税到依法征税的转变。

4. 税收收入分析为科学预测提供可靠依据

税收收入分析是税收收入预测的前提和基础，通过对收入情况的跟踪分析，动态监控、测算各种经济指标对现实税源的影响程度及各种涉税政策对税收的影响，可以找出税收与经济之间的一些规律性的东西，预测收入前景，有效发挥税收收入的目标管理作用。

三、税收收入分析的基本原则

1. 客观性原则

客观性原则是指税收收入分析必须客观地反映实际情况，实事求是地分析某一阶段的收入情况、存在问题和发展趋势，这是税收收入分析所应遵循的最基本原则。它贯穿于税收收入分析的全过程，如果违背客观性原则，不仅不能为领导做出正确决策提供科学依据，反而会起误导作用，甚至会给组织收入工作造成不应有的重大损失。

2. 整体性原则

国民经济是一个由众多要素构成的复杂整体，其中每一个要素的发展变化都受其他要素的影响，而且反过来又影响其他要素。因此，在对作为其中一部分的税收进行分析时，必须把它放在整体中加以考量，深入研究税收与经济之间、整体与整体、整体与部分、部分与部分之间的相互关系和内在联系，揭示其本质规律，保证税收收入分析的准确性和科学性。

3. 连续性原则

税务部门组织税收收入是一个连续的动态过程，它与国民经济的动态发展过程是相吻合的，税收收入分析必须遵循连续性原则。基期税收收入必然会对报告期税收收入有影响，而报告期税收收入也必然受基期相关联的因素影响，要对影响当期税收收入的诸多因素进行动态、连续分析，逐步深化对税收收入发展变化的不同特点、发展趋势的认识，而不能局限于某点上的孤立的、片面的分析。

4. 定性分析和定量分析相结合的原则

定性分析是对事物发展的性质所作的分析和判断；定量分析是对事物的发展程度和数量关系所作的分析和预测。从定性的角度看，经济决定税收，国民经济发展规模最终决定税收收入规模，生产的规模、速度、水平、经济效益及与之相关的经济结构、产业结构、行业结构决定税收收入规模、增长速度和税收构成。可以说定性分析是税收分析的基础。同时，经济发展与税收收入增长还存在一定的数量关系，只有揭示出经济与税收之间的数量关系，才能准确预测税收的发展趋势，所以，税收收入分析必须遵循定性分析和定量分析相结合的原则。

5. 重要性原则

影响税收收入的因素很多，一一罗列、逐条逐个因素分析既抓不住主要矛盾，又不能事倍功半。因此，税收收入分析要突出重点，要抓住重点税种、重点税源、重点因素和重点地区开展，才能收到理想效果。

6.及时性原则

税收收入分析是为各级税务机关领导分析、决策税收收入工作服务的，对各级政府进行经济决策也有一定的参考作用，时间要求非常严格。所以，税收收入执行情况分析必须坚持及时性原则。

四、税收收入分析的基本内容

1.全面反映各级税务部门组织收入情况、收入进度和执行结果

税收收入分析要按预算级次、税种、地区、品目对本期税收入库绝对额进行分析，通过与邻期、同期和收入计划的数额对比，对本地区收入完成情况进行展示和评估，找出影响收入完成情况的主客观因素，预测税收收入的发展趋势。

2.反映本期税收收入的特点

税收收入分析要揭示税收收入的突出特点及规律性。如：本期税收收入与客观经济变动是否适应，工业环节的增值税与工业增加值之间是否同步，中央级收入和地方级收入的比重及增减与同期相比有什么变化等，从动态上分析研究税收发展的趋势，掌握其发展变化的规律。

3.反映重点税源的发展变化情况

通过静态的重点税源数据比较分析和深入企业进行实际的调查研究，了解重点行业、重点企业的生产经营及纳税情况，掌握一手资料，预测税源的变化趋势。

4.反映经济税收政策的变动及征管质量对税收的影响

经济、税收政策的变动是影响税收收入的重要因素。每一项经济、税收政策的出台都会直接、间接地影响到税收收入，收入分析要把经济和税收政策对收入的影响进行量化，客观、如实地反映其影响程度。同时，税收收入完成得好坏，与组织收入工作的质量和征管质量有着密切的关系，因此，应把收入分析与征管质量评价考核结合起来，利用有关税收经济指标和税收征管质量评价考核指标，反映各地工作的开展情况，衡量各地的征管力度，把组织收入工作中的成功经验加以推广，不断提升征管质量。

五、税收收入分析的对象

（一）税源

税源，顾名思义，即能够产生税收的源泉，是税收之根本。税源因税制而存在，现行税源与经济密切相关。税源又细分为：

1.投资

（1）投资对税收增长的间接影响。

（2）投资形成存货影响税收收入。

（3）投资对税收的滞后影响。

2. 消费

（1）消费是 GDP 的组成部分。

（2）消费与税收收入密切相关。

3. 出口

（1）进口总额和进口环节税收征收率的影响。

（2）出口方的出口总额和出口退税率的影响。

（二）税制

1. 纳税人

纳税人适用的标准税收制度包括各法律法规、条例，如增值税条例、消费税条例、企业所得税法、税收征管法以及各种规范性文件、各种税收优惠政策等。特别是税制变化的内容要重点关注。

2. 税务机关关注的征税方式方面的制度

征税方式的制度包括总分机构预缴汇缴政策、单个纳税人异地预缴汇缴政策、免抵调库政策、税收预算级次划分政策等。

（三）税收征管

1. 持续性征管水平

持续性征管水平表现形式包括行业建模、制度创新、一窗式管理、小规模纳税人管理、车辆购置税一条龙管理、卷烟消费税管理、企业所得税核定方法规范、各税种加强管理堵塞漏洞的办法、金税工程管理、清理漏征漏管户管理等。

2. 一次性征管水平

一次性征管水平表现形式包括稽查、纳税评估、反避税、税务审计、专项检查等。一次性征管力度提升也存在着持续效应。

（四）税务机关主观能动力

1. 表现形式：免抵调库力度、退库力度、税收调控、税收政策从紧或从松。

2. 影响因素：政府财政约束等。

第二节　经济税源分析

一、经济税源概述

经济税源简称"税源"，即税收收入的经济来源。从广义上说，税源归根到底是物质生产部门的劳动者创造的国民收入，税收来源于经济，离开经济的发展，税收即成为无源之水，无本之木。从狭义上说，税源则指各个税种确定的课税对象。从归宿上说，税源即税收的最终来源，也即税收的最终归宿。税务实际工作中所说的税源是就狭义的税源而言，具体指与各个税种征税对象有密切联系的生产、销售、利润等在一定时期内的数量状况。经济税源作为税收收入的经济来源，其丰富程度决定着税收收入量的规模，税收收入随着国民经济的发展和国民收入的增加不断地增长。

经济税源分析主要是反映税收占国民收入的比重变化、税收与经济发展的协调度、影响经济税源的因素以及经济税源发展趋势。经济税源分析在税收分析工作中使用频率高、范围广、实用性强，是政府、税务以及社会各界广泛关注的涉税事项，它对完善税收制度、加强税收征管有积极意义。常用的经济税源分析有税负分析、税收弹性分析和税源分析三种。

二、经济税源分析内容

根据分析的目的和角度不同，经济税源分析可以概括地分为税负分析、税收弹性分析和税源分析三大类。

（一）税负分析

税负一词受到社会各领域的关注。开展税负分析不仅可以澄清一些税收误解，更可以反映一个地区税务机关征收管理的力度和成效，从中发现管理中存在的问题。

所谓税负即税收负担，是指国家征收的税款占纳税人税源数量的比重，反映出税款与社会新增财富之间的内在关系。以不同主体为出发点，税收负担具有两个方面的含义。一方面，从国家的角度看，税收负担反映出国家在税收课征时的强度要求，即要征收多少税收；另一方面，从纳税人的角度看，税收负担反映出纳税人在税收缴纳时的负担水平，即承担了多少税款。税负就是税收规模与经济规模的对比。

税负分析按照其分析的对象和角度的不同，可分为宏观税负分析和微观税负分析两大类，其中宏观税负分析又可进一步分为地区税负分析、税种税负分析和行业税负分析三种。

1. 地区税负分析

地区税负分析是指一个地区（国家、省、市、县等）在一定时期内税收总收入占当期社会新增财富的比重，反映出一定时期纳税人因国家课税而承受的经济负担水平，是一个受制于国家政治、经济、财税体制等诸多因素的综合经济指标。

工作中进行宏观税负分析时，常用以下几个口径：

（1）全口径税收宏观税负，是指全口径税收收入（一个地区的国、地税部门征收的全部税收收入，包括海关代征税收、免抵调库收入）占该地区生产总值的比重。

（2）国内口径税收宏观税负，是指一个地区全口径收入扣除海关代征税收后的税收收入占该地区生产总值的比重。

国税部门分析宏观税负时，税收收入是指国税部门负责征收的税收。

2. 税种税负分析

单项税种的税收负担是指某一税种在一定时期内的收入占该税种税基的比重，反映该税种的征税强度，是分析和研究税收制度和税制结构的重要内容。

3. 行业税负分析

行业税收负担是指按照统计局发布的国民经济行业分类，预算某行业的税收与相关税源之比，计算出某行业税负。

4. 微观税负分析

微观税负分析是利用微观税收和经济数据开展的针对企业层面的税负分析，如企业实现税金与销售收入对比、应纳所得税与利润总额对比。

实际税负分析工作中可以将宏观税负分析与微观税负分析相结合，并进行税负综合分析。税负分析中要注意进行五个比较，即实际税负与法定税负的比较、不同地区之间的宏观税负比较、同行业税负比较、税种税负比较，以及企业税负与所属行业平均税负的比较。通过这些比较来反映实际税负与法定税负的差异，揭示地区、行业、企业以及税种税负之间的差异和动态变化，据此评判检验税收征管的努力程度，按照"宏观看问题、微观找原因"的思路，将问题提交管理部门进行纳税评估，真正找出管理上的漏洞。

（二）税收弹性分析

弹性是西方经济学的基本概念之一，主要用来衡量某一经济变量随另一经济变量的变化而变化的力度或敏感性。

税收弹性，也叫作税收收入弹性，是指税收收入的变化与经济发展情况的比重。其宗旨是对整个社会的宏观税收负担程度进行比较分析，了解掌握整体税负的变化，以便从宏观上对全社会经济效益进行分析研究，并从动态上分析研究税收相对经济变化的量变及其运动规律。

税收弹性表示出的税收增长与 GDP 增长之间的对比关系有三种情况：

1. 税收弹性 >1，表明税收富有弹性，税收增长速度快于 GDP 的增长速度，或者说高于经济增长速度；

2. 税收弹性 =1，表明税收为单位弹性，税收增长速度与 GDP 增长速度同步，或者说与经济发展同步；

3. 税收弹性 <1，表明税收的增长速度慢于 GDP 的增长速度，或者说低于经济增长速度。

经济学界一般认为，0.8~1.2 为弹性系数合理区间。合理的税收比例对经济发展有促进作用，但税收收入增长缓慢，也会影响政府的宏观调控能力。

开展税收弹性分析，可以反映税收增长与经济增长是否协调，可以对收入形势是否正常作出判断；可以通过对税收增长与经济增长不协调原因进行剖析，进一步查找影响税源和税收变化的因素，从中发现征管中存在的薄弱环节和漏洞。弹性分析是深化税收分析必须紧紧抓住的一条主线，在税收分析中具有重要意义。在开展税收与经济对比分析时，不仅要从总量上进行经济增长与税收增长的弹性分析，而且要从分量上，包括税种、税目、行业以至企业等观察税收与经济增长的协调性。做好税收弹性分析要注意剔除税收收入中的特殊因素，以免其影响真实的弹性，掩盖税收征管中的问题。根据目前情况，要进一步加强增值税与增加值、企业所得税与企业利润的弹性分析，积极进行消费税等各税目与相关经济指标的弹性分析。通过深入细致地弹性分析，深挖税收与经济不适应的根源，解决管理中存在的问题，促进税收与经济协调发展。

（三）税源分析

税源是经济发展成果在税收上的体现，是税收的起点，因而也是税收征管、税收分析的起点。开展税源分析的目的，就是要了解真实税源状况，判断现实征收率，并据以查漏补缺，应收尽收。工作中接触到的主要有重点税源分析和税源调查分析。

1. 重点税源分析

重点税源的纳税额一般相对比较大，规模和影响力突出。重点税源分析可以是一户企业分析，也可以是重点行业或税收多户企业分析，还可以是影响一个地区税收的重点监控税源分析。

主要的分析方法有以下几种：（1）进度分析。就是根据分析时点的需要，将重点税源税收收入实际数与计划数相比较，分析计划完成进度和重点税源变化情况。（2）趋势分析。即以本期实际数与上期或上年同期实际数相比较，以分析重点税源的发展变化趋势。（3）结构分析。即按不同标志分组对比重点税源结构的变化情况，如按税种、按行业、按地区、按经济类型、按同一产品的不同等级、按不同产品的比重等分组进行比较，以分析税源构成的变化情况。（4）因素分析。即全面分析社会经济变化中各因素的变化对各项税收的影响程度。（5）季节变动分析。即通过将各年各季税源资料加以整理，分析经济税源在各年各季的变化及分布情况，从中找出税源季节性变动规律。（6）相关指标分析。即通过对相关指标分析，例如对产品数量与课税数量等进行分析，找出其因果或比例关系。

2. 税源调查分析

税源调查分析是经济税源调查工作的总结，该类分析应数据真实、逻辑清晰、深入透彻，能充分反映税源情况，科学指导税收计划管理。按照分析报告结构完整的要求，税源调查分析应包含税源基本情况介绍、新增税源介绍、影响因素分析、重点行业税源介绍、全年税收预测以及工作措施等几个方面。通过各个角度的分析，为做好各阶段税收计划建设和税收征收管理提供科学依据。

其中影响因素分析一般应包括：（1）政策因素对税源的影响。税收作为一种以国家为主体的分配行为，其收入来源必然受到一定时期国家政策的影响。如税收制度和税收政策的影响、财政政策和产业政策的影响等。（2）产业因素对税源的影响。产业因素对税源的影响反映在产业结构、产品结构的变化上，产业结构的变化将影响税收收入结构的变化，而产品结构的变化将直接关系到税收数量的变化。（3）价格因素对税源的影响。

价格总水平的变动对税收来源的影响可能出现两种情况：在总体价格水平上涨有利于资源的合理配置时，将会促进税源增长；但是在物价上涨幅度过大，引起资源配置严重失调时，不仅会减少税收来源，甚至可能出现社会动荡。（4）管理因素对税源的影响。在经济环境和税收制度一定的情况下，能否保证税收收入及时、足额入库的关键就在于税收征管水平。

第三节　政策效应分析

一、政策效应分析的概念

政策效应分析是指宏观经济政策和税收政策的效应分析，反映宏观调控效果，把握其对税收收入影响，及时发现经济和税收运行中的问题，是税收分析的一项重要内容。政策效应分析的主要内容包括：一是预测税制改革和税收政策调整对于税收收入总量与结构的影响，为组织收入服务；二是研究分析税制改革和政策调整对于地区或行业经济的影响，及时发现执行中的问题，为完善税制、优化税收政策提供依据；三是开展经济政策效应分析，从税收角度反映宏观调控效果，把握其对税收收入的影响，及时发现经济和税收运行中的问题。

二、税收政策的作用

1. 有效筹集财政收入，为经济和社会发展提供强大的资金支持

雄厚的财政实力是一个国家强大、稳定、安全的重要体现和有力保证，也是保持社会和谐的重要物质基础。税收是国家财政的主要收入来源，没有充足的税收，政府将无法运转。税收政策的首要目标就是筹集财政收入，为国防、外交、政权机关的正常运转和各项社会公共事业的发展提供资金保障，为经济建设提供必要的资金支持，从而直接或间接地促进经济和社会发展。改革开放以来，我国从制度建设和改革入手，不断调整和完善税收政策，规范国家与企业、国家与个人的分配关系，为财政收入的稳定增长提供了强有力的制度保障。税收收入的快速增长，不断壮大着国家的财政实力，为经济建设和社会发展提供了持续不断的强大资金支持。大规模的持续增长的财政收入使我国的人民民主政权更加巩固，国防实力日益增强，基础设施和基础产业迅速发展，城乡面貌焕然一新，教育、科学、文化、卫生等社会事业取得长远发展。税务部门要始终把筹集财政收入作为税收政策的首要任务，加快推进新一轮税制改革，切实加强税收征管，努力提高税收的足额征收率，进一步提高财政收入占国内生产总值的比重，不断壮大国家的财政实力。

2.公平税收负担，促进企业公平竞争

经济和社会的活力，来自不断地创造和创新。创造和创新则要求政府营造一个公平竞争的政策环境。税收负担的公平，是保证企业公平竞争的重要方面。税制改革一直是我国税收政策工作的核心内容，其主要目的就是为企业创造公平竞争的税收环境，以公平的利益分配导向，鼓励广大企业扩大生产，提高效率。

3.对经济发展实施必要的宏观调控

税收政策对经济结构的战略性调整和经济增长方式的转变，起到了非常重要的作用。作为相机抉择的财政政策的组成部分，税收政策还能够对投资和进出口等实施一定的影响，从而实现经济的总量平衡。需要强调的是，税收调控必须坚持税收的中性原则，不能对市场活动产生扭曲作用，不能滥用税收优惠政策。对于确需税收政策长期发挥导向作用的重点领域，要通过完善税制，使之体现在新的税制体系之中；对于相机抉择的税收政策，当宏观调控目标实现后，必须及时"归位"，不能把特定时期内的税收政策固定化、长期化。另外，国家制定的支持西部地区和民族区域自治区域发展的税收优惠政策、鼓励企业吸收下岗失业人员和残疾人员就业的税收优惠政策等，体现了对低收入者和困难群体的照顾，也起到了维护社会公平的作用。在市场经济条件下构建和谐社会，市场经济越发展，就越需要宏观调控。税收是国家宏观调控的重要手段之一。税收政策对经济的调控，主要是在特定时期内，根据国家产业政策和区域经济发展战略，通过制定差别化的税收政策，鼓励某些行业、某些地区加快发展，限制不符合国家产业政策、对社会发展和生态环境有害的经济活动，从而优化经济结构，促进国民经济的协调快速健康发展。改革开放以来，我国制定了许多这样的税收政策。

4.调节收入分配，维护社会公平

收入和财富占有的公平是社会公平的一个重要方面。收入差距过分悬殊，必然带来社会的不安定，和谐也就失去了基础。税收政策能够参与个人收入和财产的分配，如通过征收个人所得税等，对个人收入及财富进行调整，以缩小社会成员的贫富差距，维护社会公平。

5.贯彻民主法制，实行依法治税

目前国家致力于建设民主法制的社会，民主法制，就是人民当家做主，就是依法治国。依法治税是民主法制在税收工作中的具体体现，是构建和谐社会的内在要求。具体来讲，一是通过税收立法，不断提高税收活动的法制化程度，减少部门、单位和个人在税收政策上的自由裁量权。二是强化税收执法，改进税收征管手段，严厉打击偷逃骗税等违法行为，保证税收法律法规得到准确的贯彻执行。三是加强税收执法监督，做到有权必有责，用权受监督。

第四节　税收管理风险分析

一、税收风险管理的基本概念

1. 风险的含义

风险的基本含义是指某一特定环境下，在某一特定时间段内，某种损失发生的可能性。或者在某一个特定时间段里，人们所期望达到的目标与实际出现的结果之间产生的差距。

2. 风险管理的定义

风险管理主要考虑纯粹风险，并管理这些风险。风险管理是一种应对纯粹风险的科学方法。它通过预测可能的损失，设计并实施一些流程去最小化这些损失发生的可能性；对于发生的损失，最小化这些损失的经济影响。

3. 税收风险管理的含义

税收风险管理理念是近年来各地都在研究探讨的新的税收管理模式，其含义是：将现代风险管理理念引入税收征管工作，旨在应对当前日益复杂的经济形势，最大限度地防范税收流失，规避税收执法风险；实施积极主动管理，最大限度地降低征收成本，创造稳定有序的征管环境，是提升税收征收管理质量和效率的有益探索。在现实税收管理工作中，如何更好地引入风险管理理念、强化税源控管，规避执法风险是当前着重探讨的问题。

4. 税收风险管理分析的含义

税收风险管理分析就是针对确定的风险分析对象，通过调研和收集各类数据，将数据按照分析指标进行归纳整理，然后按照数据分析和调研的结果，总结被分析对象的现状，指出其存在的或者可能存在的风险点，最后将风险点分解落实，并提出加强管理的建议。

二、税收风险管理分析的对象和主要内容

税收风险按其对象划分主要有两种：一是税源监管风险，二是税收执法风险。

税源监管风险。近年来，税务违法违章案件越来越多，金额越查越大，究其原因，与很多因素有关。如：国、地税机构分设所带来的信息不畅和差异、税制结构是否合理、税种设置是否科学、征管环节的多少、纳税手续的繁简以及税率是否适当、是否超出了纳税人的心理及经济承受能力、逃避税收得到的利益与被处罚应付出的预期代价之间的权衡等等。这些因素都影响着纳税人是否采取逃避税收的行为，是税收征管中产生漏洞的潜在漏洞。为弥补这些漏洞，需要税务机关、税务人员进行研究，寻找对策，强化税源管理。这种对税款实现潜在的影响实际上就是一种税源监管风险。

税收执法风险是指税务机关在执法过程中，违反税收法律法规的行为所引起的不利的

法律后果。它包括对税法及相关法律法规理解偏差产生的执法过错，带来的执法风险，以及执法程序的不严谨、执法随意性大带来的执法风险和滥用职权、玩忽职守、徇私舞弊等造成的执法风险。同时随着整个社会法制建设不断完善，纳税人法制观念不断增强，对税务机关执法手段、征管方式等要求越来越高，如果执法方式简单，容易促使征纳双方矛盾激化，也会相应使执法人员的执法风险加大。

税收风险管理分析的内容主要是对税收管理风险点的分析，以查找风险点为切入点，研究如何严密内部管理机制，如何创新完善制度和健全纪检监察工作配合机制，最终达到二者结合共同预防税收风险的发生。

1. 税源管理风险点。把潜在的税源转化为税收，要求税务机关必须与时俱进，不断更新征管手段，适应新形势的变化、解决新问题。要充分发挥税收管理员的职业敏感性，综合知识和分析能力，对所分管企业进行税源风险识别。结合社会环境、经济发展程度、经营者素质、企业效益等因素综合评价确定高风险税源点片区、行业、企业等，即哪些地方最容易出现税款流失问题及不依法纳税、偷税漏税款现象。综合采用行业税负比较法、各税收与相关经济指标对比等方法，分行业分税种进行横向纵向比较，重点锁定高利润行业、经营流动性大的行业、新兴行业及难以监管行业。把这些税源管理难点，确认为税源管理风险点。

2. 税收执法风险点。目前在税收征管工作过程中容易产生执法风险的环节主要存在于管理、稽查、审批减免缓抵退税和违章处罚方面，其发生与税收执法人员综合能力息息相关，如：由政治素质产生的滥用职权、玩忽职守，徇私舞弊、以权谋私问题；由业务能力产生的不作为、违规执法、政策理解偏差以及自由裁量权的运用带来的问题，等等。其他环节如税务登记、发票管理、账簿凭证管理、纳税申报、税收保全、强制执行措施等，目前来看，产生执法风险的情况相对较少。但随着整个社会法制化进程的加快以及纳税人法律意识的不断增强，对于税收征管整个流程的各个环节都应提高风险意识。

三、发达国家税收风险管理现状

（一）瑞典的税收风险管理

在瑞典，中央层级负责协调，各个层级都参与其中。管理层负责研究决定需要处理的风险及适用的方法和策略；风险分析选择组负责风险的识别和分析，参与计划执行的全过程；分析管理参考组确定风险的优先级，向管理层提出应对方法。

（二）英国的税收风险管理

英国皇家税务与海关总署（HMRC）成立专门的机构：Risk and Intelligence Service（风险和情报服务部门），简称 RIS 和 Knowledge，Analysis and Intelligence（知识、分析和情报部门），简称 KAI，负责收集内部和外部信息，通过对数据的分析，识别税收管理风险，并通知相关部门。

（三）德国的税收风险管理

1. 工资税风险管理系统

税务机关面临个案数量不断增加、有限的人力资源以及税法的复杂性不断上升等局面，因此，税务机关不可能详细检查每一份工资申报。这样就需要建立一个风险过滤系统，用于区分存在工资税缴付不足的个案和风险程度较低的个案。低风险的申报将由机器负责处理；风险较高的申报则由人工处理，其他申报实行随机抽样接受人工检查。

2. 增值税风险管理系统

目前德国已建成增值税欺诈案件在线数据库，覆盖全国所有在册纳税人姓名、地址及增值税信息系统，使用统一一览表完成合格新增值税登记，由联邦中央办公室与所有联邦政府的对应部门协调循环骗税等重大增值税骗税案件，由一家联邦中央单位负责利用网络分析系统，分析网络区域内的各种未经登记的商业活动等。各联邦政府的税务当局还将在各州建立一个统一的风险管理系统。主要目标是以系统化的方式识别高风险的增值税个案。为了能够应对不同风险，针对某些选定领域开发了 3 个不同的自动化风险识别系统。

（四）美国的税收风险管理

美国国家税务总局（Internal Revenue Service，以下简称 IRS）从 20 世纪 60 年代启动"税收遵从评估项目"（TCMP），从 1979 年开始利用 TCMP 项目得到的数据开展税收流失估算工作，主要致力于联邦个人所得税、公司所得税和工薪税流失等的估算工作。周期性地对个人所得税申报表、小公司申报表、工薪税申报表进行随机性的审计检查。20 世纪 90 年代，TCMP 项目被终止，原因主要有两点：第一，纳税人抱怨 TCMP 项目给纳税人造成太大的审计负担；第二，TCMP 项目的执行成本非常高。

从 2000 年开始，美国 IRS 重新启动所谓"国家研究项目（NRP）"，继续进行税收流失估算研究。估算步骤是首先获得和维护用于风险评估的数据，主要是数据的收集、储存、整理、维护和改进，用于机器和人工评估。数据的来源主要是电子报税表上的报税数据、从纸质报税表和相关文件上扫描的影像和数据、纳税人披露的信息、查税历史和非国税局（外部）数据。其次，就是检测报税一级的潜在风险。在大企业和国际税务司，用于在报税一级进行分析的系统称为判别式分析系统（DAS）。当前，判别式分析系统仅使用报税数据，把每份报税表分开评估。DAS 把通过统计方法编制的非直观规则归纳为具体报税表的综合风险评分。如规则 1：如果 0.156> 纳税 / 总收入 ≥ 0.071，加 100，否则加 0；规则 2：如果 5000000> 国外税收抵扣 ≥ 1165731，加 50；规则 3：如果国外税收抵扣 ≥ 5000000，加 100，否则加 0。报税表按资产档次划分，计算出每一份报税表的报税风险评分。评分为每个资产档次内的风险评级，在档次之间没有可比性，评分显示有关报税表产生的每小时税务员工作时间调整补税数额至少达到既定门槛值的可能性，不产生总体风险所涉金额的估计数。

四、从征管体制的变革看我国税收风险管理的发展

改革开放以来，我国税收征管模式随着经济改革和发展而不断创新发展，逐步实现了以下四个转变，即由专管员管户的保姆式、包办式管理向管事的专业化管理转变；由专管员上门收税向纳税人自行申报纳税转变；由传统的手工操作向以计算机为主的现代化科学管理转变；由全职能的分散型、粗放型管理向集约型、规范型管理转变。最近几年，我国税务机关在税收风险管理方面借鉴国外经验，进行探索，积累了一些有效的经验，并在管理模式中引入风险管理理念。国家税务总局发布的若干文件对于开展税收风险管理做出了原则性部署，这是中国税收管理现代化的一个重要进展，提高了我国公共风险管理水平。

1. 税务专管员专责的征管模式

1978—1987 年，我国实行的是"一员进厂，各税统管，集征管查于一身"的税务征管模式。其特点是：每个税务专管员都固定各自的纳税人，凡涉及所辖纳税人的纳税事宜均由该税务专管员一人负责办理，征、管、查三权高度集中于税务专管员一身。这种模式虽然有利于发挥征收、管理、检查三大环节的衔接、联系、协调优势，但税收征管效率低下，缺乏监督制约机制，征纳双方权责不清。

2. "征、管、查两分离或三分离"的征管模式

1988 年国家税务总局开始选择部分地区试行"征、管、查两分离或三分离"的管理模式，税务机关分别形成了征收、管理、检查三个体系，将过去由税务人员上门收税、包办纳税事宜改为由纳税人依法上门申报纳税。这种模式仍只是局限于税务机关内部分工的调整，没有改变对纳税人的保姆式管理，没有从制度上保证纳税人自觉履行纳税义务。

3. "30 字"征管模式

1993 年国务院批准的《国家税务总局工商税制改革方案》（即 1994 年税制改革方案），提出"建立申报、代理、稽查三位一体的税收征管新格局"，并于 1997 年由国务院批准确立了"30 字"征管模式，具体内容是："以申报纳税和优化服务为基础，以计算机网络为依托，集中征收，重点稽查"。1999 年国家税务总局把深化改革的突破口定位在解决基层征管机构的设置和岗责划分上。2000—2001 年又提出税收工作"科技加管理"的工作思路，和税收征管要实现"信息化加专业化"的指导思想，启动了以信息建设为基础，以征管改革为龙头的机构和人事制度综合改革，"30 字"征管模式应运而生。

4. "34 字"征管模式

2003 年国家税务总局针对税收征管工作中存在的"淡化责任、疏于管理"问题，对原"30 字"征管模式加以完善，首次将"强化管理"纳入管理模式，形成了"以申报纳税和优化服务为基础，以计算机网络为依托，集中征收，重点稽查，强化管理"的"34 字"征管模式。该征管模式进一步加强了征管基础工作，规范机构设置，优化征管流程，整合信息资源；建立了税收管理员制度，税收管理员工作初步实现了"管户"与"管事"相结合，

属地管理与分类管理相结合的税源管理方式；建立了以税收分析为核心的税收分析、税源监控、纳税评估、税务稽查"四位一体"的税源管理机制；初步实现与海关、公安、银行、财政、社保等部门以及国税局、地税局之间的信息共享，信息管税稳步实施，税收征管质量和效率大力提高。但这种模式也存在对快速发展的税收环境的适应性和针对性不强的问题。

5. 逐步加强风险管理在税收征管中的重要性

2008年，为解决管理方式单一问题，降低管理风险，探索新的模式，进行机构改革，国家税务总局设立大企业管理司，对大型企业提供纳税服务工作，实施税源监控和管理，开展纳税评估，组织实施反避税调查与审计。2010年国家税务总局下发《关于开展税源专业化管理试点工作的指导意见》，决定在上海、江苏、安徽、河南、广东、青岛国税局和广东、山东地税局八个单位开展试点，并在全国税务工作会上大力推进税源专业化管理，鼓励大胆尝试。在税收管理方面，提出要强化税源监控和评估，加强税收风险管理，实施信息管税，构建税收征管新局面，不断提高税法遵从度和税收征收率。2012年7月全国税务系统深化征管改革工作会议提出总体要求：构建以明确征纳双方权利和义务为前提，以风险管理为导向，以专业化管理为基础，以重点税源管理为着力点，以信息化为支撑的现代化税收征管体系，努力达到提高税法遵从度和税收征收率，降低税收流失率和征纳成本的目标。

第五节　税收预测分析

税收预测分析就是对预测方法的文字体现，也是对预测结果的理论陈述。它是在真实掌握经济税收数据的基础上，对税收发展趋势的预测，是实现税收统筹能力的途径。

一、定义与意义

税收预测是以政府宏观调控政策为指导，以充分掌握影响税收收入变化的因素和税收历史资料为基础，运用数理统计和逻辑思维等方法，对未来税收收入的发展趋势进行预估、测算和推断。它是税源管理的重要组成部分，是提高税收收入工作主动性和预见性，实现科学决策、科学管理的重要手段。

税收预测分析的目的是准确判断经济发展和税收收入形势，指导组织收入，为税收决策提供科学依据，促进税收的征收管理，发挥税收监督职能。税收预测分析是对预测结果的说明与检验，也是事前反映和监督税源、税收变化的有效方法，可针对性地为开展税源监控、税收征管、纳税评估和税务稽查提供参考。

二、内容与分类

税收预测的内容包括预测经济税源发展变化、预测税收计划完成进度、预测税收政策实施情况、预测税收管理措施的落实效果。

1. 预测经济税源发展变化。根据国民经济统计资料和专题材料以及经济主管部门提供的情况，预测经济税源的发展动态，包括工农业生产发展速度、主要工农业产品产量、产品价格、销售额、社会商品零售额、社会购买力情况等。

2. 预测税收计划完成进度。根据税收统计资料，在对经济税源发展势头准确预测的基础上，对税收收入在预测期可能达到的水平及完成税收计划目标的可能程度做出推测，从而便于采取对策，确保计划目标的实现。

3. 预测税收政策实施情况。深入调查研究的基础上，预测税收政策对于调节生产、流通、分配和消费的作用及其效果，以便及时提供政策实施的反馈信息，为领导决策提供依据。

4. 预测税收管理措施的落实效果。根据不同时期不同地区所采取的加强税收征管的措施、办法来预测其作用和效果，从而揭露矛盾，发现优劣，促进征管水平的提高。

税收预测分析可从宏观和微观两个层面进行。宏观预测分析是运用税负比较、弹性分析等手段，对税收总量、税种、行业等宏观领域税收与经济总量的关系进行分析研究，综合税收政策因素和税收征管因素，预测总体税源的纳税能力。微观预测分析是以具体纳税人为对象，对纳税人生产经营活动和税款缴纳情况进行调查，对纳税人的财务指标和税源指标变化趋势进行分析，预测区域税收形势。预测分析的种类按性质可分为定性预测分析和定量预测分析；按时间可分为长、中、近期预测和短期预测分析；按对象可分为总量预测分析和单项预测分析；按范围可分为全面预测分析和局部或区域预测分析。

当前各级国税机关定期开展月度、季度、年度税收预测，税收年度预测、季度预测和月度预测是制订年度、季度和月度税收计划的依据。年度预测除年初上报本年度计划建议以外，分别在9月份、10月份、11月份和12月份上报；季度预测分别在1月份、4月份、7月份上报；月度预测分别在上旬、中旬随同旬报上报。对预测过程中出现的重大增减因素、一次性因素、同比负增长因素以及税收政策变动因素应形成预测分析报告一同上报。

三、流程与方法

（一）流程

税收预测分析工作的基本流程是：确定预测目标和预测期限——数据资料的收集、筛选和初步分析——确定预测方法、模型——开展预测分析、形成预测结果——根据素材和写作目的构思结构——撰写分析报告。

数据资料的收集既包括收集历史资料，也包括调查资料；既有数据资料，又有文字资料。这样可使预测建立在丰富、确凿的信息基础上，从而保证预测结果的准确可靠。数据资料的筛选即对所收集到的资料在使用之前进行认真的整理和审核，以保证资料的准确性、系统性、完整性和可比性，从而使数据在质量方面得到可靠保证。初步分析即对经过审核和整理后的资料研究其结构的稳定性，从而为选择适当的预测方法、模型奠定基础。

（二）方法

税收预测方法包括税收调查预测、宏观税负与税收弹性预测、滚动预测、税收趋势预测、税收回归预测。

1. 税收调查预测

税收调查预测是通过对税源的调查取得经济税收数据资料进行定性分析预测税收的发展趋势的一种方法，通常有抽样调查和重点调查两种预测方法。抽样调查预测就是从全部税收调查对象中，抽取部分具有普遍性和代表性的企业进行调查，通过对抽样企业的经济税收的增减变化趋势进行分析找出税收发展变化的一般规律，对税收收入形势进行定性预测。重点调查预测就是通过对税收总规模中起决定作用的重点税源的生产经营指标和税收数据进行分析，根据其同期、本期、预测期间的规模、结构、增减、进度等变动情况，分析测算出重点税源税收收入预测值，进而预测税收总量及变化趋势。此方法尤其适用于县级税务机关。

2. 宏观税负与税收弹性预测

宏观税负与税收弹性预测是通过运用时间序列平均增长的原理，用宏观税负和税收弹性两个指标进行简单的税收收入预测的一种方法。本方法应满足三个前提：一是事先能够较为准确地预测相关的国民经济发展指标，如 GDP、规模以上工业增加值、规模以上工业企业利润、社会消费品零售总额等；二是能够较为准确地评价税收征管、稽查等对税收征收效率的影响；三是经济指标与税收收入之间存在客观关系，并且是经过历史经验数据验证的。

GDP 税收负担率预测方法：以本年预计实现的 GDP 值和上年的税收负担率为依据，预测本期税收收入。其计算公式为：

本年收入 = 本年度 GDP 预计值 × 上年税收负担率

弹性系数预测方法：以上年税收收入为基数，根据上年税收与 GDP 的弹性系数来确定本年税收增长系数，预测本年税收收入。

其计算公式为：

本年收入 = 上年收入 ×（1+ 税收增长系数）

税收增长系数 = 本年 GDP 计划增长率（工业增加值率等）× 税收弹性系数

税收弹性系数 = 税收增长幅度 /GDP 增长幅度

3. 滚动预测

滚动预测是预测近期活动发展趋势常用的预测方法。按照预测期间长度的变化与否来分类，有两种基本形式：一种是给定固定长度的预测期间的不断递推，来实现滚动预测，即预测期间总的长度根据需要是给定不变的，随着近期活动的完成，再加一个单位的预测期间继续向前预测；另一种是预测期的终点是给定的，随着近期活动的不断完成，预测的期间也不断地缩短，在已实现数据的基础上修改预测参数，继续滚动预测其余期间的态势。

4. 税收趋势预测

税收趋势预测是利用税收收入完成指标所组成的时间数列资料所反映的发展趋势和发展速度，进行外推和延伸，预测未来税收收入水平的一种预测方法，又叫时间数列分析法，主要有平均发展速度预测法、移动平均预测法、指数平滑预测法和线性趋势预测法。

平均发展速度预测法，是通过计算整个税收收入时间序列的平均发展速度，以此发展速度乘以预测期上一期的税收数值所得结果，作为预测期税收数值的一种方法。

移动平均预测法，是对平均发展速度预测法进行修正后的一种方法，考虑时间序列的趋势性和周期性，一定程度上消除不规则、随机的因素影响，对给定固定长度的时间序列，每次移动地求出平均发展速度，用以预测下一期税收数值。

指数平滑法，从移动平均预测法演变而来，是加权移动平均预测法的一种，它对整个时间序列分别给予不同的权数进行加权平均，即对不同时间点的数据做不等权处理。本期预测值加上误差修正值（平滑指数乘以本期预测误差）即下一期预测值。只要知道本期的实际值和预测值即可预测下一期税收。

线性趋势预测法，又叫直线趋势预测法，在变量和时间之间基本存在线性联系的基础上，通过收集历史时期的时间序列资料得出趋势直线，用直线斜率表示增长趋势，利用趋势直线的延伸外推求得预测值。

5. 税收回归预测

税收回归预测是利用从一个变量的变化去推断另一个变量的变化的一种回归分析预测方法。通常包括一元回归预测和多元回归预测。

一元线性回归预测法是分析一个因变量与一个自变量之间的线性关系的预测方法。根据因变量税收收入、工业增值税、商业增值税、企业所得税等指标的不同，自变量可选择GDP、规模以上工业增加值、社会消费品零售总额、规模以上利润总额等指标。通过一元线性回归模型得出回归预测方程，代入预测期自变量值即可得到因变量预测值。

多元回归预测法是在确定两个或两个以上的自变量和因变量之间的相关关系的基础上，建立回归数学模型，进而进行预测的一种预测方法。首先运用因素分析法全面考虑影响税收收入的各因素（如GDP、规模以上工业增加值、社会消费品零售总额、规模以上利润总额、进出口贸易总额、财政支出、税收政策变动影响、征管稽查因素影响等），然后进行简单的相应分析，按照变量间是否有较强的线性关系进入回归方程，最后通过逐步回归法确定影响税收收入的主要因素，进行相应的回归分析。

四、数据准备工作

想做好税收预测分析工作，需要强大的数据基础。

一是建立经济税收数据档案。经济税收数据是研究测算未来税收增减趋势的基本资料，是统筹规划税收形势的数据基础。日常工作中可充分利用统计年鉴和国税年鉴，对历年来的经济税收数据进行建档保存，将本地区 GDP、规模以上工业增加值、社会消费品零售总额、企业利润总额完成情况，以及年度税收总额、分税种、分行业、分级次、分县区完成情况等数据通过表格形式进行统计，保障经济税收数据使用的连续性和一致性，为开展税收预测、分析工作提供翔实资料，为全面掌握税收形势奠定数据基础。

二是汇编历史重点税源数据。为减少重点税源调查工作中的重复劳动，保证重点税源数据的连续性，最好将近几年重点税源企业资料汇编成册，选取本地区具有行业代表性的企业，将其基本资料和主要的经济税收指标整理建档，以后逐年更新续存，使其成为领导和从业人员的手边工具书，同时也为加强重点税源管理分析提供有力数据支撑。

三是实时管理当期重点税源数据。对影响全局的重点税源企业实行动态化账簿管理，对其经济税收数据及时统计入账，从中发现经济税源运行中的问题，为有针对性地开展税源调查分析和税收分析提供支持。

四是常态化内外部信息交流。系统内部，通过邮件、电话、会议等形式充分交流信息，及时好把握税源发展变化。外部相关部门，主动加强联系，建立数据信息互换平台，了解各部门的最新数据，及时把握经济税源发展变化。选取企业进行必要的税源调查。通过微观税源发展变化了解企业经营情况、行业情况、市场需求变动等，由点及面，掌握最前沿的经济运行趋势，为全面掌握全局组织收入形势提供保障。

第六节　税收会计分析

一、税收会计分析的定义

税收会计分析是以税收会计核算资料为主要依据，运用科学的分析方法，对税收资金运动过程及其结果进行综合、全面的研究和评价，揭示税收工作的成绩和问题及其原因，并提出改进建议。它是税收会计核算的延续。积极开展会计分析，对于充分发挥税收会计的反映和监督作用有着十分重要的意义。

二、税收会计分析的对象与内容

（一）税收会计分析的对象

税收会计是国家预算会计的一个重要组成部分，是核算与监督税收资金运动的一门专业会计。它是以直接负责税款征收、入库业务的税务机关为会计主体，以货币（人民币）为计量单位，运用会计核算的基本原理和方法，对税收资金及其运动进行连续、系统、全面、综合的核算与监督，为税收决策及时、准确地提供信息资料，以保证税收政策法规的正确执行和各项应征税款及时、足额入库的一种税收管理活动。这一概念的内涵包括以下几层含义：

1. 税收会计的主体是直接负有组织税款征收与入库职责的税务机关；

2. 税收会计的客体是税收资金及其运动，其具体内容包括应征税金、待征税金、待解税金、在途税金、入库税金、减免税金、欠缴税金、提退税金和损失税金等；

3. 税收会计的基本职能是对税收资金及其运动进行核算和监督；

4. 税收会计还具有反映税收政策的作用，如税收会计科目的设置反映税收政策的现状，而科目设置的改动在大多数情况下反映了税收政策的变化。

（二）税收会计分析的内容

税收会计分析是会计核算管理工作的最后一个环节，也是会计管理的最高阶段，在这个阶段，会计分析利用会计核算的结果研究分析税收资金运动的特征，提出税收资金运动过程中可能存在的问题，并揭示问题的成因，提出辅助决策建议。税收会计分析主要围绕税收会计核算的内容展开。其具体内容主要有：

1. 应征税金分析

主要对分析期内实现的税金总量，分地区、分税种与基期对比，与应征税金总额对比，以了解各地区、各税金总量变动规律与发展趋势。

2. 欠缴税金分析

主要对分析期内应缴未缴的税款，分地区、分税种与基期对比，与欠缴税金总额或应征税金相对比，通过增长率和应征欠缴率掌握欠缴税金各构成部分的变动情况及对欠缴税金总量的影响程度，为及时控制和清理欠缴提供依据。

3. 减免税金分析

主要对分析期内的减免税款，分地区、分税种、分减免性质与基期对比，与减免总额和应征税金对比，熟知减免税金的变动趋势和影响减免税金变动的主要因素。

4. 在途税金分析

主要分地区与应征税金相比，并结合税款在途时间对分析期内的在途税金进行分析，以了解在途税金是否正常，是否存在占压税款现象，以便采取措施，加快税款入库速度。

5. 提退税金分析

主要分析各地区、各税种和各种不同性质的提退税金变化情况和各构成部分对提退税金总量的影响程度，以及提退税金占应征税金的比重变化情况。

6. 入库税金分析

入库税金是税金运动的终点，它是应征税金减去税金运动过程中所发生的减免税金、欠缴税金、待解税金、损失税金、在途税金和提退税金后的余额。保证各项应征税金及时足额入库，是税收管理工作的主要任务。所以，对入库税金进行分析，实质上是对税金运动各环节的综合分析，是税收会计分析的核心。它对于评价税收管理工作和分析税收收入计划完成情况有着极为重要的意义。入库税金分析除按地区、按税种与基期和应征税金进行对比分析外，还需要进行因素分析，即将应征税金、减免税金等各种税金作为影响入库税金的各个因素，分别判断并计算每个因素对入库税金的影响方向与程度，从而找出影响入库税金变化的主要因素。此外，还常常将它与在途税金相比较，以分析在途税金的入库速度。

三、税收会计分析的作用与意义

税收会计分析的作用与意义在某种程度上通过税收会计来反映，因为税收会计分析本身就是税收会计的组成部分。其作用与意义主要有：

1. 完整反映

完整、及时、真实地反映税收业务活动。在税收会计核算的基础上，通过分析，完整地反映税收业务活动中能够用税收资金表现的各个方面，如申报税款、征收税款、检查补税、罚没款项、减免税款等等。

2. 真实披露

税收会计本身就具有披露组织内部经济信息的功能。利用会计核算独特的方法，认真执行各项税收法规、国家预算管理制度、国家金库制度、税收会计制度及其他财经纪律，通过会计核算和会计检查，真实披露有关税收资金运动的信息。那些不能通过检查的账目中的问题，必须通过税收分析予以揭露。通过深入剖析，找到问题之所在和问题的成因。

3. 保证核算客体的安全

监督税款及时、足额入库，保护国家税款的安全完整。凡税款皆属国家所有，应及时、足额缴入国库，任何单位和个人都不得延误、积压和占用。通过税收会计分析，为各级税务主管部门及时提供税收资金运行状况。通过对税收资金的严密跟踪、反映和监督，保护其安全完整。

4. 保证税收计划的准确制订和顺利完成

编制税收计划必须切实掌握税收收入的有关历史资料，而税收会计所反映的正是关于税收收入成果和税收收入过程的全部历史信息，这些信息是准确制订税收计划的重要依据；同样，通过对这些信息的分析，可以及时掌握税收计划的完成进度，发现差距，以便采取必要的征收管理措施，确保税收计划的完成。

四、税收会计分析的特点

税收会计分析的特点在某种程度上与税收会计本身的特点相联系，主要有以下三点：

1. 逻辑严密。税收会计自身所具有的逻辑严密性决定了税收会计分析必然具有这个特点。税收会计将税收资金分为两形态、三阶段、四环节。两形态指税收资金来源和占用形态；三阶段指申报、征收和入库阶段；四环节指纳税申报、开票收款、上交税款和办理税款入库环节。在将资金分类的基础上，再以相互关联的账户和报表体系，将各种会计要素有机地结合在一起。遵循会计核算的这个严密过程，税收会计分析也具有了逻辑严密的特点。

2. 专业性强。税收会计分析以会计核算为基础，因此其分析方法、分析语言、分析结论都显示出与会计学以及税收会计紧密联系、专业性强的特点。如应征税金、欠缴税金、入库税金分析是典型的税收会计语言。

3. 集中分析税收资金运动特征。税收会计分析始终围绕税收资金运动的过程和结果进行，不像计划、统计、宏观分析那样以经济指标为分析和对比的基础。税收资金运动有四大特点：一是税收资金形态的转变不像企业资金那样与实物形态的转化相联系，它只表现为现金流量在不同运动阶段上的不同形态，强调的是货币资产在空间位置上和在所有权上的转移；二是税收资金运动的阶段划分不像企业资金那样明显；三是税收资金运动不会增值；四是税收资金运动不存在循环与周转。税收会计分析也正是针对税收资金的这些特征分析税款是否及时、足额入库实现所有权的转移，并分析税收资金存在形式的合理性等。

4. 重视微观分析。由于会计主要是针对企业经营行为进行核算，会计分析也以企业分析为中心，所以会计分析主要反映税收与微观经济的关系。

第七节　税收统计分析

一、税收统计分析的定义

税收统计分析，是指根据政府的经济政策和税收政策，按照科学的理论和统计分析方法对通过调查搜集的国民经济和社会发展情况，以及税源和税收收入情况等统计资料的加工整理，进行系统、定量的分析研究，表明问题产生的原因，揭示这些现象的本质及其规律性，提出解决问题的办法，为各级领导决策提供参考。由此可见，税收统计分析是一种税收管理活动。它对税收收入的主要特征以及税收与各种经济现象的关系从量化角度进行分析，然后得出结论，并提出可供决策参考的政策建议，最终形成分析报告。税收统计分析是统计信息、咨询、监督整体功能的集中体现，是税收统计全过程的一个重要方面，也是税收统计的最高阶段。

二、税收统计分析的对象和内容

税收统计的基础任务是进行统计调查、统计整理、统计分析，提供统计资料，实行统计监督，反映经济税源发展变化情况和税收政策的实施效果，为研究制定国家税收政策，编制和检查税收计划服务。其具体任务有以下三个方面：

1. 研究建立税收统计报表指标体系，正确反映税收的规模、水平和构成，研究各个时期、各个地区税收分税种、分经济类型的发展变化，相互间的比例关系及其规律性，为国家及时了解税收的收入状况，有计划地组织财政收入，编制和检查监督税收计划执行情况提供依据。

2. 根据国家经济政策，通过对税务统计资料的搜集和整理，研究税收在宏观经济调节中所发挥的作用，为国家制定和检查税收政策提供依据，同时也为各级领导了解情况、指导工作和研究政策提供各项统计调查资料。

3. 通过税务统计资料的分析，及时反映有关经济活动的动态和规律性，对税收活动进行统计监督，为加强税收的征收管理工作提供决策信息。

三、税收统计分析的作用和意义

1. 满足市场经济条件下税务管理决策对决策信息的需求。市场经济的基本特征之一就是决策的民主化。搞好税收统计分析可以提高计划性和预见性，满足实行科学决策、科学管理的要求。通过统计分析监督反映各项税收政策的实施效果并揭示存在的差异的原因，为决策者科学决策提供可靠的建议。

2. 分析社会经济发展变化对税收的影响。税收来源于经济，又反作用于经济。通过税收统计分析，不断提高对税收的认识深度、精度和广度。根据经济发展变化的趋势，利用税收与经济发展的关系，指导组织收入工作。反过来，利用经济与税收的关系，适时提出促进经济发展的税收政策。

3. 研究税收领域的发展规律和税务效益。搞好税收统计分析有利于促进税务统计改革和税务统计科学研究的发展，有利于促进税务统计理论和统计方法的变更，逐步实现税务统计工作的现代化。

4. 发挥统计的整体功能。搞好税收统计分析是充分发挥税务统计整体功能，广泛参与决策，实现优质服务的根本途径和重要保证。税务统计部门作为国家税务管理系统的重要组成部分，同时拥有信息、咨询、监督三种职能，并构成有机整体，发挥整体功能。信息职能、咨询职能、监督职能三种职能是相互作用、相辅相成的。因此，搞好税收统计分析工作可以预测税收经济现象、税务征管工作和组织收入发展趋势，增强计划性和预见性。

5. 锻炼人才。搞好税收统计分析能够不断促进广大税收统计人员提高理论政策水平和提升业务能力。

四、税收统计分析的特点

税收统计分析是对税收活动的数量表现进行调查研究的一种认知活动。它是反映税收成果、税源变化和税政执行情况的一种信息系统，是科学管理税收的重要手段。税收统计分析作为经济分析的一个组成部分，除了具有经济分析的一般属性外，还具有其本身的特点，主要表现在：

1. 数量性

税收统计分析是从税务现象的数量变化来研究税收发展变化规律的。因此，税收统计分析工作离不开对税源、税收和税政的数字资料进行加工整理和分析研究。重视数量分析，是社会经济统计分析的主要特点。

2. 具体性

税收统计分析所研究的对象都有其具体的社会经济内容。每一个数据都是在一定时间、地点和条件下的量的表现，而不是空洞、抽象的数字。因此，税收统计分析也是对某个具体的税收问题，在某个时期、某个地点具体表现的分析。

3. 综合性

税务部门在国民经济各部门中属于综合性部门，因此税务部门提供的统计资料具有综合性。税收作为国家重要经济杠杆，存在于社会经济现象之中，国家税收来自国民经济各个部门、各个行业和各种经济类型，税源的增减变化，国民经济结构、产品结构的变化，以及税收收入结构比重的变化，都能综合反映国民经济的发展变化。这就决定了税收统计具有一定的综合性。

4. 广泛性

税收统计分析作为国家统计分析的一个组成部分，政策性很强，牵涉面很广。一方面税收统计所反映的课税对象，几乎涉及国民经济的各个部门；另一方面，税收统计所反映的指标内容，既要反映税收及税源的增减变化、税收结构的变化趋势，又要反映税政措施的实施效果。

五、税收统计分析的基本原则

为了切实有效地发挥税收统计分析的信息、咨询和监督的整体职能，保证税收统计分析报告的质量，实现税收统计分析工作的优质服务。在税收统计分析中，必须遵循下列原则：

1. 实事求是的原则

实事求是是税收统计分析工作必须遵循的基本原则。在分析过程中，必须从客观实际出发，切忌主观性，不能按照自己的主观判断，而必须反映税收以及经济现象的实际，从中引出结论。要做到实事求是，必须从统计调查、搜集资料开始，所搜集的各种经济、税收资料及典型例证必须客观、真实、可靠；其次是分析方法的选择与分析的方向和搜集的资料相适应，论点和论证方法要达到统一，整个税收统计分析过程要立足客观实际和遵循事物内部联系及发展规律。

2. 系统分析的原则

国民经济是由一个众多子系统构成的系统，其中每一个系统内构成要素的发展变化都受到其子系统结构要素的影响，并反过来作用于其他子系统或系统整体。因此，我们在税收统计分析中必须遵循系统分析的原则，注意抓住系统的三个特征：目的性、整体性、层次性。把税收经济子系统放到系统中加以分析考察，分析它与国民经济系统整体和其他子系统要素的相互关系和作用。这样才能保证税收统计分析的可靠性、科学性和正确性。

3. 微观与宏观相结合的原则

税收统计分析要具体情况具体分析，找出不同地方、不同税种变化的共性和个性。但是，分析研究这些共性和个性时，必须站在整个国民经济发展的高度上。坚持宏观和微观、点与面结合的原则。因此税收统计分析十分重要。税收源于经济，而经济的发展和变化，必将对税收以及税收工作产生直接的影响。观察和分析税收现象，应注意社会经济、税收发展的大趋势，注意横向的经济发展和税源变化。在税收统计分析中还要树立全面的观点。坚持全面的观点，首先要求我们搜集的各种社会经济统计资料、税收统计资料及其他资料要全面系统，不能零碎不全；其次在分析中要用联系的观点看经济与税收相互关系的各个方面，既要看到在组织收入、依法治税、促产增收、发展经济中取得的成绩，也要看到自身工作的不足；既要看到现在，也要看到过去和未来；既要看到组织收入中的有利因素，也要看到影响税收变化的不利因素。只有在分析中坚持全面的原则，才能得出正确的结论。

4. 定性与定量相结合的原则

准确的税收统计数据是我们税收工作数量方面的真实反映，它本身就属于情况的范畴。然而，社会经济现象和税收工作情况是十分复杂的，我们的税收统计数字往往只能反映最主要最基本的情况，这些基本资料对于了解收入完成进度、税源和税收结构的变化情况，对于制定税收政策，编制税收计划，指导税收工作，正确分析和解决问题具有十分重要的作用。但是在分析研究时，为了深入认识事物的本质和规律，仅仅依据基本的统计资料，有较大的局限性，这就需要深入实际，多了解一些实际情况，研究实际问题，使我们的认识和结论进一步深化，避免片面性。

结　语

在如今的市场经济浪潮当中，越来越多的企业投入市场，融入了日益激烈的市场竞争中，为国民经济事业的发展带来了动力，同时企业在发展过程中面对的机遇和挑战也逐步增加。面对内外部环境的冲击，企业必须加强对财务会计管理与税收分析管理的重视，对财务会计管理与税收分析管理问题进行归纳分析，以便在此基础之上有效制定解决问题的方案和策略，给企业的安全稳定运营提供优质环境，解决好市场经济背景下关乎企业长远发展的问题。

伴随改革开放的逐步深化和"一带一路"倡议的贯彻实施，企业抓住机遇获得了快速发展，并在推进社会经济长效建设方面发挥了重要作用。企业在发展过程中既面对外部复杂的市场环境和巨大的竞争压力，又面对内部控制建设的较高要求，还需要适应新会计准则全面推行的背景，无形之中增加了财务会计管理与税收分析管理的难度。当然，企业在财务会计管理与税收分析管理方面显现出来的问题也逐渐增加，给企业的稳定健康建设带来了挑战。面对这一情况，企业需要正视问题，加大对问题解决对策的探讨，构建日益完善和科学的财务会计管理体系，保证管理效率与质量。

总而言之，我国企业在财务会计管理与税收分析管理工作中尚存在着一些不足，企业必须重视财务会计管理与税收分析管理工作，不断提高企业财务会计管理与税收分析管理人员的综合素质与专业技能，对财务会计管理体制加以完善，并在企业中建立完善的风险预警系统，为企业财务会计管理与税收分析管理工作的开展创造更加稳定安全的环境，确保企业的财务安全，促进企业的长远发展。

参考文献

[1] 朱捷 . 探析新形势下企业管理会计与财务会计融合 [J]. 中国集体经济 ,2021(11):107-108.

[2] 朱蕾 . 企业财务会计向管理会计转型的思考 [J]. 中国集体经济 ,2021(11):114-115.

[3] 于志广 , 刘玉芝 . 网络经济时代财务会计管理措施的实践效果 [J]. 中国集体经济 ,2021(11):118-119.

[4] 蒋兆凤 . 浅谈财务共享中心会计管理模式存在的问题及对策 [J]. 中国集体经济 ,2021(11):134-135.

[5] 孙远林 . 新时期如何加强企业财务会计工作的创新管理 [J]. 中国集体经济 ,2021(10):157-158.

[6] 宁宝仁 . 基层行政事业单位其他应收款核算与管理探究 [J]. 行政事业资产与财务 ,2021(06):74-75.

[7] 底亚冬 . 管理会计在企业管理中的常见问题及对策 [J]. 行政事业资产与财务 ,2021(06):82-83.

[8] 夏怡斐 . "十三五"期间我国国企财务管理制度创新变革要点 [J]. 管理会计研究 ,2021,4(Z1):54-63+102-103.

[9] 王珊 . 对管理会计视角下财务管理的探讨 [J]. 中国集体经济 ,2021(09):127-128.

[10] 李树萍 . 新时期如何强化企业会计财务管理的内部控制工作 [J]. 今日财富 ,2021(06):94-95.

[11] 赵鑫 . 网络经济背景下的财务会计管理分析 [J]. 今日财富 ,2021(06):144-145.

[12] 卢俊 . 浅析施工企业由财务会计向管理会计转型的原因及对策 [J]. 财会学习 ,2021(08):5-7.

[13] 黄小蕊 , 胡立禄 . 基于网络经济时代背景下财务会计管理研究 [J]. 财会学习 ,2021(08):47-48.

[14] 龙丽 . 供给侧结构性改革下财务会计的内部控制管理研究 [J]. 财会学习 ,2021(08):185-186.

[15] 杜建英 . 如何提升企业财务会计核算体系规范化 [J]. 纳税 ,2021,15(08):99-100.

[16] 孙晓梅 . 企业管理会计与财务会计的融合分析 [J]. 纳税 ,2021,15(08):109-110.

[17] 徐秋娇 . 中小企业财务会计管理中存在的问题及对策 [J]. 山西农经 ,2021(05):112-

113.

[18] 赵迪.简述经济新常态下企业会计发展方向及创新转型 [J]. 中小企业管理与科技 (中旬刊),2021(03):69-70.

[19] 汤文婷.管理会计与财务会计在企业财务管理中的应用探析 [J]. 商讯 ,2021(08):49-50.

[20] 吴大梅.浅谈互联网时代背景下如何提高财务会计工作质量 [J]. 商讯 ,2021(08):57-58.

[21] 叶静.互联网时代的财务会计与管理新动向探析 [J]. 商讯 ,2021(08):59-60.

[22] 常茂松.基于大数据视角下财务会计向管理会计转型的途径分析 [J]. 审计与理财 ,2021(03):57-58.

[23] 李雪.新会计准则下企业财务会计向管理会计的转型探究 [J]. 中国商论 ,2021(05):142-143.

[24] 杨延锋.浅谈大数据背景下财务会计向管理会计转型 [J]. 中国商论 ,2021(05):146-147.

[25] 刘庆云.大数据视域下的企业财务会计信息化管理分析 [J]. 中国商论 ,2021(05):154-156.

[26] 徐中池.新形势下财务会计与管理会计有效融合的探索 [J]. 中国市场 ,2021(08):139-140.

[27] 魏冬华.管理会计与财务会计在企业财务管理中的应用分析 [J]. 今日财富 (中国知识产权),2021(03):111-112.

[28] 李年江.财务会计向管理会计转型的策略研究 [J]. 今日财富 (中国知识产权),2021(03):127-128.

[29] 于秀卿.浅析管理会计与财务会计的融合 [J]. 经济管理文摘 ,2021(05):149-150.

[30] 张秋立.管理会计与财务会计在企业财务管理中的应用 [J]. 经济管理文摘 ,2021(05):151-152.

[31] 郑朋坤.管理会计视角下企业财务管理创新探究 [J]. 财会学习 ,2021(07):11-12.

[32] 沈霞.财务报表在税收分析中的应用分析 [J]. 现代经济信息 ,2020(09):79-81.

[33] 张军.两种企业并购重组方式的账务处理及税收分析 [J]. 中国注册会计师 ,2019(03):113-116.

[34] 李慧林.企业会计报表税收分析模式研究 [J]. 中国市场 ,2018(25):126-127.

[35] 郭小东.税收效应与经济发展 [J]. 发展改革理论与实践 ,2018(04):4-9.

[36] 张琪.大企业税收分析管理系统的设计与实现 [D]. 西安电子科技大学 ,2018.

[37] 宋家玮.财务报表在税收分析中的应用 [J]. 时代金融 ,2016(35):209-210.

[38] 于硕 , 李鹏飞.数据挖掘在税收分析中的研究和应用 [J]. 信息通信 ,2016(12):117-119.

[39] 王明方. 提高税收经济分析的质量 [J]. 中国税务 ,2016(10):64.

[40] 张翼, 陈清晰. 关于税收大数据深度分析应用的探索 [J]. 经济研究导刊 ,2016(22):73-74.

[41] 何振华, 易明翔, 张冰晨."高级分析"在税收管理领域大有可为 [N]. 中国税务报 ,2016-07-01(B06).

[42] 马祖亮, 费丰波. 税收分析对提高组织收入和税源管理质量的思考 [J]. 山东社会科学 ,2015(S2):171-172.

[43] 杨树云, 白云峰, 董华. 浅议如何提高税收收入预测分析水平 [N]. 山西经济日报 ,2015-12-01(007).

[44] 沈东革. 税收分析管理工作的实践与探索 [J]. 经济研究参考 ,2015(65):51-54.

[45] 吴志雄. 税收分析与预测系统的设计与实现 [D]. 吉林大学 ,2015.